マイナス感情こそ手放すな！

ニューヨーク流人生攻略法

秋山曜子
Yoko Akiyama

産業編集センター

Prologue

はじめに

〝Q&ADV.〟は、私が2000年に設立したニューヨーク情報&ショッピング・ウェブサイト、CUBE New York/キューブ・ニューヨーク(cubeny.com)で、2012年11月からスタートした一番人気のセクションです。

Q&ADV.は、読者から寄せられたご相談に私がお答えするというシンプルな構成で、当初はウェブサイトに頻繁に寄せられていたアメリカにおけるマナーや常識、女性のキャリアや海外留学、外国人との交際&結婚等についてのご質問にお応えしようとスタートしたものでした。それが悩みや人生に関するアドバイスになったのは、寄せられたご相談にお応えし続けた結果です。

匿名でいただいたメールに無料でアドバイスをするコーナーとは言え、会ったこともない私に悩みや問題を打ち明ける、しかもわざわざEメールに書いて送るというのは、傍で考えるほど簡単なステップではありません。そんな心を開いて、勇気を出してご相談下さった方達のために、私もきれい事や慰め抜きのアドバイスを精一杯心掛けて、あっという間に5年が経過しました。そしてキューブ・ニューヨークが、私のラッキーナンバーである設立〝19〟年目に入ったのを記念して、2018年3月に電子書籍で出版したのが『Q&ADV.fromNewYork ― 悩みから悟り、挫折から学び、逆境から人生を切り開くニューヨーク心理学』Vol.1～Vol.3でした。この本は電子書籍の1巻を1章として、3巻を1冊に纏めたものです。

私がこの本を手掛けるにあたって、強く打ち出したかったのがニューヨークの存在です。ニューヨークはアメリカ合衆国最大の都市でありながら、全くアメリカ的ではありません。世界が凝縮された街がニューヨークであり、様々な人種、言語、宗教、生活習慣、好み、経済力、人間性、外観の人々がひしめき合う、まさに人種の坩堝《るつぼ》です。私はここに暮らして多くの経験を積んで、沢山の人々と出逢ううちに、自分がそれまで捉われてきた価値観や知らない間に自分を縛り付けていた既成概念から解き放たれる思いをしました。そしてそのことによって生きることが遥かに楽《らく》になって、人生が心から楽しめるようになりました。

もともと心理学に興味を持っていた私ですが、今振り返ると人の表情、視線、ボディランゲージについて最も学んだのは、ニューヨークに住み始めたばかりの、英語で十分にコミュニケーションが出来なかった時期でした。この時はニューヨークに来て最も苦しかった時期の1つですが、同時に多くのことを学んだ時期でもありました。振り返ると、苦しかった時ほどその後に繋がる経験や教訓を学んでいるので、そんな時こそ未来を切り開くきっかけが得られるものと、私は考えています。その時々に何を学んだかは、後になってから気付くことも多いのですが、「苦労や苦しみや努力は決して無駄にならない」と私が様々なアドバイスで断言できるのは、そんな自らの経験があるからだと思っています。

その意味で、私にメンターという存在があるとすればそれはニューヨークという街です。この本を読んで下さる方にもそんなニューヨークという街を感じていただきたかったので、これまで私が趣味で撮影してきたニューヨークのスナップをビジュアルとして盛り込むことを編集者にお願いしました。そしてその写真の整理をするうちに思いついたのが、この本の3つの章にそれぞれ、私にとって大切で思い入れのあるニューヨークの場所やエリア名を、タイトルとして付けるということでした。

この本はQ&ADV.の比較的初期のアドバイスを纏めたものですが、それらの3つの章タイトルとして私が選んだのが、〝グランド・セントラル・

ターミナル〟〝アッパー・イーストサイド〟そして〝セントラル・パーク〟です。それぞれの章の初めに個々のタイトルのご説明をしていますが、世界の広さや多様さ、夢や希望を持つことの大切さをニューヨークという街の存在と共に感じながら、この本を読んでいただけたらと思います。

Content

ADV.

Chapter 1
GRAND CENTRAL TERMINAL

第1章　グランド・セントラル・ターミナル

グランド・セントラル・ターミナルは、マンハッタンのど真ん中に位置するニューヨークの交通の拠点であり、1日に約75万人が利用する鉄道と地下鉄の駅です。

1913年に建設され、1978年に建築界の巨匠、フィリップ・ジョンソンとジャクリーヌ・ケネディ・オナシス夫人の働きかけでランドマークに指定されたこのターミナルの近隣には、クライスラー・ビルディング、メットライフ・ビルディングといったランドマークも見られます。

ターミナル内はアップル・ストアやマイケル・ジョーダン・ステーキハウス、観光名所でもあるオイスター・バーを始めとする90以上のショップやレストランが入居するハイトラフィックな商業エリアでもありますが、文句なしに世界で最も美しい駅の1つでもあります。私自身、出版社に勤めていた時代にこの駅を使って3年以上通勤しましたが、その合間に何度ターミナル内のアーキテクチャーの美しさに足を止めて見入ったか分かりません。レトロモダンの巨大なシャンデリアや、メインコンコースの天井に描かれた星座のミュラル、ダイナミックなバルコニーや柱、巨大なウィンドウ・フレーム、インフォメーションブースの時計等、圧巻のディテールが数多く盛り込まれているのがこのターミナルです。

アーキテクチャー同様に眺めていて決して飽きないのが、ここを行き交うニューヨーカーの姿です。様々な国からやって来た異なるバックグラウンドの人達が、この街に溶け込んで生きる姿が垣間見れると同時に、人種の坩堝ニューヨークのエネルギーが最もストレートに伝わってくるのがこの場所です。ここで、ニューヨークという街が分刻み、秒刻みで動いている様子を実感すると、人間もまずは動くこと、行動を起こすことから始まるのだと悟らされます。

「ここで10分間人々を眺めているだけでニューヨークという街の洗礼が受けられる」と私は考えています。

Q.1 親友に彼が出来て、私が捨てられました

DUMPED BY YOUR GIRLFRIEND

30代半ばの女性です。このくらいになると周囲がどんどん結婚したり出産したりすることもあって、ここ3年ほどずっと同じく独身の女友達と一緒に夏休みの旅行に行ったり、大晦日の初詣に行ったりして、お互い彼氏がいない身同士でかなり一緒に時間を過ごして、親友と言える友達でした。

ところが彼女に彼が出来た途端に以前は直ぐに返事が来た携帯メールも、返事に2日も掛るようになり、映画や食事に誘っても「用事があると」断られたりですっかり疎遠になってしまいました。それだけじゃなく以前は悪口

を言っていた共通の女友達に彼氏のことをよく相談していて、そのせいで2人が最近はすごく仲良くしているという話を聞くようになりました。

私としては彼氏が出来たからといって冷遇されるのは何となく不満ですし、私には彼のことは殆ど話さなかったのに、悪口を言っていた友達にはのろけたり相談したりというのは、友達として侮辱されたような気分です。もう彼女には以前と同じ気持ちで接することが出来ないような気がして寂しいし、悲しい気持で一杯です。同じ男性を争った仲という訳ではないのにどうしてこんなことになってしまったのか、私には分かりません。

彼女と出かけないと、今はそんなに仲良くしている友達はいないので毎晩のように家でワインを飲みながら、「自分にもこれから彼が出来るか？」とか、「彼女と彼氏が結婚するか？」なんて下らないことをトランプ占いして、無駄に時間を過ごしています。

こういう時、どうしたら良いものなんでしょう？

（H）

ADV.

一番のタブーは親友との関係をこじらせてしまうことです

Mさんのケースは、アメリカの女性の間でもかなり一般的に誰もが経験していることです。

そのためボーイフレンドが出来た途端に、女友達をないがしろにする女性というのは、女性の間で嫌われる友達像として取り沙汰されることが多くなっています。

悪口を言っていた共通の友達に、ボーイフレンドのことを相談しているというのは、おそらく彼女に似たような関係の交際相手がいて、その経験談やアドバイスが参考になるとMさんの親友が価値を見出しているからだと思われます。加えて彼氏がいないMさんより、自分の幸せを遠慮なしにさらけ出せるなど、相談し易いところもあるかと思います。でも恋愛の熱が冷めた時に2人が良い友達になれるとは限らない訳ですから、その共通のお友達のことはあまり考えないほうが良いでしょう。

Mさんがこの段階で一番やってはいけないのが、親友に抗議めいた文句を言ってしまうことです。お友達は、ボーイフレンドが出来て幸せの真っ只中で、生活の中心が彼との恋愛になっているので、Mさんが何を言ってもジェラシーとしか受け取ってもらえません。そんなことをすれば、本当に友達関係が台無しになってしまう危険さえあります。

こうしたケースではMさんが思っているほどには、親友はMさんのことをないがしろにしているとは思っていないので、本人は「彼のことで忙しくても、自分はちゃんとメールを返している」などと考えて、以前ほどは一緒に時間を過ごしていなくても、今も友情は変わっていないと思い込んでいる場合が多いものです。

ボーイフレンドの問題でも、女友達の問題でも、特定の人間のことで悩んでいる場合、その悩みから即座に解き放ってくれるのは、悩みの対象の人物しかいません。

ひょんなきっかけから、相手と5分程度でも電話で気持ちが良い会話が出来たり、もしくは相手が気遣いを見せてくれるメールを1本くれるだけで、悩みから救われて、どうして自分で自分をそんなに追い詰めていたのかが不思議に思えることもあるものです。悩みの対象の人物は、Mさんを救う効果抜群のカンフル剤のパワーを持つ訳ですから、事を荒立てて、そのカンフル剤を失うことだけは避けるべきです。そうなれば悩みが一層深く、長くなるリスクもあるかと思います。

気持ちを切り替えて新しい人間関係の構築を

でも見方を変えると、こうした機会はMさんの交友関係を見直す良いチャンスなのです。

今までの1人の友達に社交面、精神的で大きく依存する交友関係を改めて、結婚しているお友達に出会いのアドバイスを求めたり、投資の勉強など、女性と男性がミックスするクラスを取って、恋愛と交友関係を同時に模索するなどして、もっと幅広い交友関係を持つ努力をするべきなのです。1人の友達でライフスタイルのニーズの殆どを賄うのはそもそも無理があります。Mさんも今回の経験でもっと幅広い〝友情＝サポート・システム〟を持つ必要があることを悟られたことと思います。

ですのでしばらくはお友達とあえて距離を置いて、ご自身の交友関係の再構築に時間とエネルギーを注いでいただきたいと思います。1人で悩んでいるのはストレスになるだけでなく、そういう暗いオーラを身につけてしまうと、新しい良い人間関係を引き寄せるパワーも衰えてしまいます。

そしてMさんが新しい交友関係の中で、より広い視野からお友達との関係を捉えられるようになってからコンタクトしてみる、もしくはお友達からのコンタクトを待ってみれば、その段階からのほうが、一緒に過ごす時間は以前より遥かに少なくても、精神的な結びつきという点では、以前と同じような友達関係に戻れると思います。

Mさんの親友とて、彼氏と惚気話相手の友達さえいれば生きていける訳ではないのですから、久々にコンタクトしてきた時に、Mさんが以前と同じように友情を示してあげれば、ホッとしたり、心が和んだりして、その友達関係に感謝するはずです。

Mさんが今どんなつらい思いをしていたかをお友達に話すのに適したタイミングがあるとすれば、それはお友達が将来的に同じような孤独を味わっている時だと思います。自分が心の痛みを感じている時は、同じ痛みを味わった相手の気持ちも良く分かるはずですから、そうなった時に話せば、今のMさんの寂しさや悲しさを本当に理解してくれるはずです。

最後に、つらい思いをした時は、それを将来に生かさない限りは学んだことにはなりませんし、人間として成長したことにもなりません。ですから今後Mさんにボーイフレンドが出来た時には、どんなに幸せの最中にいても、交友関係への気遣いをしていただきたいと思います。また、同じような状況で悩んでいるお友達がいたら、ご自分の経験を生かして励ましてあげることも忘れないでいただきたいです。

バックストーリー

私はテニスをしますが、以前テニスのインストラクターにしょっちゅうデートに誘われている時期がありました。それと同時にインストラクターは彼の親友である別のテニス・インストラクターと私を努めて仲良くさせようとしていて、その様子は親友と私のマッチ・メイカーになろうとしているかのようでした。やがて判明したのは、インストラクターが自分と私が付き合い始めた時に、親友が取り残されて寂しい思いをしないように、3人でも時々一緒に出掛けることが出来るようにと気遣って、親友と私を仲良くさせようとしていたということでした。

そのインストラクターとは交際をするような仲に発展することはありませんでしたが、親友が誰かと付き合い始めると、男性も女性と同じような孤独感を味わう話は聞いたことがなかっただけに、このエピソードは私の脳裏に深く刻み付けられています。

　ですが親友のインストラクターは屋外コートが使えなくなる季節に、彼が出入りするインドア・テニスクラブでのレッスンに私を勧誘して、早い話が親友からの〝クライアント盗み〟を試みていました。ですので、もし私がその勧誘を受けていたら、彼の優しさや心遣いは完全に仇になっていたことになります。結局のところは、仕事に私情を持ち込んだインストラクターの考えがアンプロフェッショナルであり、〝甘かった〟のだと思います。

Q.2 プロフェッショナル・ペイン

PROFESSIONAL PAIN

アドバイスのセクションが出来て、キューブさんのサイトを読む楽しみが増えました。ありがとうございます。私もご相談させてください。

ヘアスタイリストを職業にしています。

仕事上、困ることの1つが友達の家に行った時に「ちょっと、ここをカッコ良く見えるように直してくれない」って言われたり、親戚の集まりで叔母の家に行った時に、叔母からその場で姪のヘア・カットを簡単にやってくれなどと頼まれることです。

お正月になると親類で集まることになるので、またヘア・カットを頼まれるかと思うと気が重くなります。友達だったら「いきなり言われても、ハサミがないからダメ」と言って断れますが、それでも「家のハサミで切ってくれ」と食い下がられることがあります。「髪の毛を切ると、ハサミが切れなくなるから」とか、「ヘアカット用のハサミを使わないと毛先が傷むから」と言っても、「それでも構わないから」と迫られることが少なくありません。

それより断るのが大変なのが親戚の場合で、一度「ハサミがないから」と言って断ったら、今年のお正月の集まりの時には「お土産は要らないから、ハサミ持って来てね」と前日に電話が掛ってきて、その時は渋々ハサミを持って出掛けました。ですが便乗組が出てしまって、姪と甥、従姉妹の計３人のヘアカットをさせられてウンザリしただけでなく、ドップリ疲れてしまいました。

特に甥っ子は髪の毛を切られるのが嫌いで、動いたり、途中でいなくなったりして本当に大変なんです。おまけに髪の毛を切る人のことも嫌いみたいで、ヘアカットの椅子に座らせようとすると物を投げてきたりします（投げてくるのは玩具とかなので、危険な思いはしていませんが）。

叔母は、仕事よりずっと大変なヘアカットを押し付けておきながら、「もっとしっかりカットしてくれても良かったのに。そうしたら暫く髪の毛を切りに連れて行かないで済むから」などと言ってくるあり様で、正直言って気分を悪くしました。

なので今後は御免だと思って予め母にそう伝えたのですが、「別に波風を立てなくても、1年に1回くらい良いじゃない」で片付けられてしまいました。母はそもそも職に就いたことがなくて、主婦として家族や人の世話を焼くことを仕事にしてきたので、「そのくらいのこと」としか思っていないようです。一体どうやってこういう無神経なリクエストを断るべきでしょうか？ お知恵を拝借できると、嬉しいです。

いつも、無料で、コラムやいろいろなコーナーを読ませていただいているので、恩返しにショッピングをさせていただきますね。

（R）

ADV.

タダで仕事を押し付けられた私が学んだこと

Rさんのお気持ち、私にも少なからず理解が出来ます。というのも私もフリーランスのライター兼リサーチャーをしていた時代に、日本からNYに市場調査に来たアパレル、百貨店、マーケティング会社の方達に、「今の話、簡単で良いから、ちょっと纏めて書いて送ってくれる？」などと言われることが非常に多かったのです。

依頼してきた人達は、私がプロとしてお金を稼いで生活の糧にしている業務を「簡単で良いから」という名目で、無料で押し付けてきた訳ですが、そういったリクエストはある時点からきっぱりとお断りすることにしました。

「ある時点から」というだけあって、私も最初のうちはそのリクエストに応じていた時期があるのです。ライター&リサーチャーの仕事は年間契約のクライアントはいたものの、基本的にはプロジェクト・ベースだったので、

「それがいずれは仕事に繋がるのなら……」と思って、受けてしまっていました。実際、無料のサービスを求めてくる人というのは、「後から埋め合わせをするから……」とか、「今度は、もっと大きな仕事を一緒にやりましょう！」などと、将来の仕事を〝餌〟に依頼してくる例が非常に多かったのです。

でも簡単に書こうと思っても手が抜ける性格ではありませんし、プロとしてのレベルを保たなければその後の仕事も来なくなると思ったら、簡単で良いはずのレポートにも有料と同じ労力を費やしてしまいます。その後大きな仕事が来たか？　といえば、決してそんな事はなくて、「お礼」と称して食事をご馳走されて、その席でまた次の「簡単で良いからちょっと書いてくれる？」という無料プロジェクトを押し付けられるような状態でした。

思えば、相手は「簡単で良いから」と依頼しているので、どんなレベルの高いレポートを出したところで、「私が簡単にやった仕事」としてしか見ていない訳です。ですから食事程度のお礼で十分と思っています。またレポートを読んで「無料で簡単に書いてもらった情報量で十分」と判断するので、有料の仕事などくれるはずはありません。

逆に有料で仕事を依頼して下さる方というのは、決して「簡単で良いからちょっと書いてくれる？」などとは言わずに、最初から仕事として依頼して来るもので、それを悟ってからはこうした依頼を全て断ることにしました。

私の場合は、「プロとしてこれで生活していますので、有料プロジェクトのみお受けしています」と、事務的にお断りすることにしました。一度、シンプルに断る姿勢を身につけたら、それ以降はストレスを感じることもなく、当たり前のように断れるようになっただけでなく、相手もあっさり諦めるようになりました。

とは言ってもそれが出来るようになるまでには、相手が図々しいことを頼んでいるにも関わらず、こちらが罪悪感を覚えたり、断る理由を言い訳がましく説明して、そんな言い訳をしているうちに相手のペースにはまって、「そのくらいはやってあげても……」と判断してしまったこともありました。

フリーランスというのは、それほどまでにクライアントに対して立場が弱いもので、それは身内の義理でヘアカットを押し付けられたRさんのお立場と共通する部分もあるかと思います。

プロのプライドさえあれば、言い訳は無用

私が〝断り癖〟を身につけるまでのプロセスで学んだのは、言い訳をすると相手につけ込まれるということです。「ハサミがない」と言えば「ハサミを持って来て欲しい」と言われてしまったRさんの経験からも分かるとおり「〇〇がないから出来ない」「〇〇だからダメ」と言い訳をすることは、逆に「〇〇があれば出来る」「〇〇でなければ、やっても構わない」というメッセージを送っていることになるのです。また断ること自体が大きなストレスになっている場合は「波風を立てて断るよりは、やってあげたほうが簡単」と判断してしまうケースがありますが、これはストレスを延長するだけ

で解決策ではありません。

このケースでは相手がお友達でも、親戚の方でも、Rさんが「プロのヘアスタイリストなので、サロン以外では（もしくは仕事以外では）ヘアカットはしません」と、極めて簡単かつ明確にお断りすることをお薦めします。親戚の方達は最初は「身内なんだから、それくらいしてくれても……」「去年はやってくれたのに……」的な文句をおっしゃるかも知れませんが、一度峠を越えればそんなものだと思って頼んでこなくなるのが普通です。

一番防がなければならないのは、一度お断りして顰蹙《ひんしゅく》を買っているにも関わらず「じゃあ、これが最後」と言いながら引き受けてしまうことです。そうすると「これが最後」のはずが「今度こそ最後」「今年だけ特別」と、何度も何度もリピートされることになってしまいます。

でも一度きっぱりお断りして、二度と蒸し返せない状況にしておけば、今後は同じ問題で悩むことはありませんし、一度断る習慣を身につければそれ以降は相手が誰であっても罪悪感ゼロであっさりと対処することが出来るようになります。

Rさんと同じような状況は弁護士、医者、占い師、翻訳者など、様々な職業の人々が抱える問題です。「ちょっとで良いから」「簡単で良いから」「身内だから」という理由で、相手がプロで行なっているサービスを無料でやって貰おうという人は世の中に沢山います。そうした人達は「プロでやっているのだから、このくらい簡単だろう」という安易な気持ちを持っている場合が非常に多いのです。

でも実際はプロは「手を抜けない」「手の抜き方を知らない」ので、依頼してくる人が想像する以上の負担を感じます。素人が深く考えずに適当に対応するほうが、無責任でいられるだけあってよほど簡単です。だからこそプロのサービスにはお金を払う価値がありますし、お金に見合うだけのクォリティが提供できるからこそプロなのです。

ですのでRさんも、既にお持ちのプロ意識にさらに磨きをかけていただくためにも、無料リクエストをきっぱり断る姿勢を実践なさってください。

バックストーリー

このタイプの問題は、仕事をしている人間だけに起こるものではありません。アメリカでPTAの集まりなどがあると、仕事をしている母親がホームメーカー（専業主婦）の母親に雑多な用事を押し付けたがるのも同様の心理によるものです。プロとして仕事をしたことがない人が「プロなのだから、これくらい簡単でしょう」と考えるのと同様、キャリア・ウーマンの母親がホームメーカーの母親に対して「仕事をしていないのだから、これくらいやる時間があるでしょう」と言うのがこの心理です。

したがって仕事をしている、していないに関わらず、多かれ少なかれ人生の中で誰もが味わうのがこうしたジレンマやフラストレーションです。そしてどんなケースでも突き詰めていくと、それは相手に対する思いやり不足が原因であるということが良く分かりますし、相手の都合を省みずに頼み事をする人というのはやはり「図々しい」ということなのだと思います。

Information
MTA METRO-NORTH
TIMETABLES
MTA METRO-NORTH
ARRIVALS
MTA METRO-NORTH
TIMETABLES
MTA METRO-NORTH
TIMETABLES
ARRIVALS

Q3 突然別れを宣告されたショックから、どうしても立ち直れません

2年半付き合った彼氏と、2ヶ月ほど前に別れました。別れた原因は、彼氏に別に好きな人が出来たためで、一方的に「今まで楽しかったけれど、別に好きな人が出来た」と言われました。

あまりに突然でショックでした。別れる前の2週間ほどの間、ちょっとよそよそしくなったのを感じていたのですが、仕事で忙しい時期なのでそのせいだと思っていました。

別れを言い渡される前に会った時はとても楽しいデートをして、朝まで一

緒に過ごして、本当に幸せだったのに、その後直ぐによそよそしくなって、2週間後に会った時に別れを言い渡されました。「新しい人とはこの先どうなるか分からないけれど、二股を掛けたくないから」と言っていて、その人とは完全に付き合い始めた訳ではないようでした。

彼と私は同じ職場ではないのですが、仕事でこれからも時々顔を合わせる機会がある関係なので、それもあってか「直ぐには難しいかもしれないけれど、これからは友達になりたい」と彼に言われました。それが彼の優しさなのか、仕事絡みで気まずい思いをしたくないのかは定かではありません。

以来、裏切られたという気持ちや女性として侮辱されたという気持ちは強いです。でももし彼が二股を掛けていたら私がもっと傷つく状態で別れていたと思うので、それを思ったら私なんかより素敵な女性を見つけた彼を祝福してあげてるべきなのかも……と思うし、仕事で会った時もギクシャクした様子を見せたくないと思います。

何とかこの気持ちを消化しようと思って友達に随分相談しましたが、最近はだんだん私に相談されるのにウンザリしてきたようで、私が苦しんでいても〝彼を別の女性に取られたグチ〟としか思ってくれていないようです。最初は慰めてくれていた友達が、最近は「いつまでも悩んでいないで……」みたいにお説教するようになったので、友達がウンザリしているのはよく分かります。最後のデートがあんなに幸せでなくて徐々に関係がこじれていたら、私もこんなに混乱しなかったと思っています。別れる時っていうのは、普通はそういうものだと思っていました。私の何が悪かったのか、新しい人のどこがそんなに良かったのか、本人に訊けるものなら訊きたいですがそんな勇気もありません。

別れた数日後までずっと泣いていたので、それ以降は泣かないように努めてそれだけは実行してきました。でも彼に対して引きずっている気持ちや、突然別れを宣告されたショックからはどうしても立ち直れません。

何とか解決法を見出したくてメールをしています。よろしくお願いします。

（T）

ADV.

脱失恋ショックのための五か条

恋愛観や、恋愛が精神状態に及ぼす影響というのは人によって異なりますが、Tさんのお気持ちは、女性でも、男性でも、様々な形で人生の中で最低一度は味わっているものだと思います。

冷たい言い方に聞こえたら申し訳ないのですが、こうした状況では直ぐに効果をもたらすカンフル剤のような解決法はありません。なので解決法があるという考えを取り去ることからスタートしていただきたいというのが私の意見です。

解決法があると考えてしまうと、それを模索してすがろうとするので、訳の分からないセラピーやクラス、指南本などに不必要なお金を払うことになりますし、こうしたハートブレークがきっかけで、親切そうに寄って来たカルト宗教の勧誘などに巻き込まれる人もいるのです。

恋愛の傷を癒すのに最も効果的なのは恋愛、具体的には別の恋愛で、誰か別に好きな人が現れたら、別れた彼のことなど、頭をかすめさえしなくなります。でも現在のTさんは未だ他の男性に関心を注いだり、自分を新しい恋愛に駆り立てる状態ではありません。よく「時間が解決してくれる」という言葉を、様々な問題において使う人がいますが、私の友人には4年前にフィアンセが心変わりして、婚約を解消したことを未だに2週間前のことのように語る女性がいるので、気持ちの整理がつかない状態を続ける限りは「時間が解決してくれる」ことにもさほど期待は持てません。

また恋愛感情やその傷が簡単に理性でコントロールが出来るものなら誰も苦しい思いなどしないはずですから、お友達に相談したところで一時的に気持ちが落ち着いたように感じることがあるかもしれませんが、これも解決法ではないのです。

私がTさんに心掛けていただきたいと同時に、考え直したり、実行していただきたいのは以下の5つのことです。

1.被害者意識を持たないこと

Tさんの状況で「裏切られた」という気持ちを抱くのはもっともだと思います。でも、恋愛というのは先着順に優遇されるものではありません。Tさんとて彼と交際し続けるうちに運命的と言えるような相手が現れたら、きっと同じことをしていると思います。ですから「裏切られた」という気持ちや、「新しい女性に彼を取られた」といった意識は取り去るべきです。

2.恋愛においては「別れを言い渡す側が上の格付け」ではありません

世の中では恋愛においてフッた側がフラれた側より上の格付けと見なされる傾向が顕著ですし、噂として広まる場合にも、そういう格付けになるのが常です。

それは一般的に別れを言い渡す理由が「相手に何らかの不満や不安を抱いていた」「別に好きな人が出来た」というもので、それが「フッた相手では満足ができなかった」「もっと自分に相応しい人を見つけた」と解釈されるためです。そのため相手より下の格付けにされるのを嫌って、「フラれる前にフッてしまおう」と別れ急ぐ人もいますが、この考えは非常に短絡的です。実際には恋愛に長けている人ほど、相手の立場を良く見せる別れ方を心得ているものですし、恋愛上手というのはその後友達付き合いをする、しないは別として、別れた後も決して憎めない存在になるものです。Tさんが、彼に別れを言い渡されて侮辱された気持ちになった状況や、メールに書かれていた彼の言い分から判断して、私の目からは彼は特に恋愛に長けている訳ではないと判断されますが、いずれにしても恋愛関係の解消は「相手を蔑む」という行為ではありません。

もちろん浮気をされて腹を立てている側が関係を解消するのであれば「相手を蔑む」目的で行われる場合もあるかと思いますが、このケースにおいて「侮辱された」という意識はTさんが一方的に、そして不必要に抱いている感情です。

3.自分と彼の新しい女性を比較するのは間違っています

彼の気持ちがTさんから新しい女性に移ったことは女性として、人間としての優劣とは全く無関係です。1人の男性の気持ちでは女性や人間の優劣などは決まりませんし、彼の好みや判断が世の中のスタンダードという訳でもありません。そもそも世の中には間違った相手を選んで不幸になったり、別れている人は沢山いますから、新しい女性が彼にとって本当に良い相手とも限りません。

私の母はプロの占い師ですが、これまで母から学んできたのが、人間には持って生まれた星で相性があるのはもちろん、〝蛇に睨まれたカエル〟のように相手に主導権を握られて〝逆らえない関係〟、どうしても離れられない〝腐れ縁になる関係〟等などがあることで、さらに長い人生の中には一時的に、特定の人に強く惹かれる時期などもあります。人が相手に惹かれる要因には、相手の魅力や人柄、外観以外の要素もあるのです。

したがって彼の気持ちが他の女性に移ったことは、Tさんの女性や人間としての魅力をジャッジする基準にはなり得ません。

4.彼のためのベンチ・ウォーマーにはなってはいけません

彼が「新しい女性と、これからどうなるかは分からない」と語っていたとのことでしたが、それは彼が二股を掛けていないことを立証するための〝説明＝言い訳〟と考えて、鵜呑みにしないほうが賢明です。そうでないと「彼が新しい女性と上手く行かなかったら、自分に戻ってくるかもしれない」という気持ちから、あるかないかも分からない出番を待つベンチ・ウォーマーになってしまいます。そうなれば彼への気持ちを引きずるだけでなく、新しい出会いに背を向ける態勢を作ってしまうことになります。

5.彼のことを気遣う必要はありません

つらい思いをしているTさんが、そのつらさの原因を作った張本人である彼を気遣う必要は一切ありません。ましてや彼は新しい女性と幸せな思いをしていはずなのですから、Tさんが気遣うべきはご自身であって彼ではありません。

彼と仕事で顔を合わせた際に取り乱したり、周囲に迷惑を掛けるのは問題がありますが、今のTさんの状況を思えば彼を避けても、目を合わせなくても、笑顔がこわばっても、私は構わないと思います。無理に平静を装って彼を安心させるより、Tさんの心の痛みを彼に感じてもらうべきだとさえ思います。

彼の気持ちより、自分の心の健康と安定を最優先に考えて下さい。

それと、Tさんのメールで気になった点が2つありました。

まず1つ目は「私なんかより素敵な女性を見つけた彼を祝福してあげるべきなのかも……」という点です。「私なんか」という表現は、ボキャブラリーから消し去るべきです。こういう言葉を使っているうちに自分を卑下する卑屈なキャラクターが身についてしまいます。また新しい彼女がTさんより素敵であるという確証もありません。

2つ目は「別れた数日後までずっと泣いていたので、それ以降は泣かないように努めて、それだけは実行してきました」という点です。私は泣くという行為をそれほど悪いと思ったことはありません。泣いて吹っ切れるのなら泣くべきですし、つらかったら泣いても良いのです。

泣きたい気持ちを抑えることに精一杯で、肝心の彼への気持ちを吹っ切れないのでは、本末転倒です。泣いても叫んでも良いので、自分の心の痛みと向き合って、前向きになっていただきたいというのが私の提案です。

Tさんのような思いは、時代や性別を問わず誰もが味わっているものです。歴史上の多くのアーティストや作曲家などが、そんな恋愛の心の痛みを芸術活動に傾けて、人々の心に訴える素晴らしいアートや楽曲を生み出しているのです。ですからTさんも、心の痛みを忘れて情熱を傾けられるもの、その苦しみを乗り越える過程で学んだことがあれば、それがキャリアや人生の転機になるかも知れません。

最後に。人生はバイオリズムです。苦しい思いを乗り切った後には必ず良い事が起こりますので、それを信じて毎日を有益に過ごすことを心掛けて下さい。

バックストーリー

恋愛による心の痛みについて確実に言えることがあるとすれば、それは「どんなに苦しくても死ぬことはない」ということと「だからこそ苦しい」ということです。そして、年齢を重ねて様々な人生経験から深く物事を察する能力が身につけばつくほど、恋愛による心の痛みが強く、大きくなるということです。したがって40代で味わう恋愛による心の痛みのほうが、20代の痛みより遥かにつらいものになります。それは自分の年齢を自覚して「こんな年齢になってまで恋に傷付くなんて……」と考えれば考えるほど更につらいものになります。

また「山高ければ、谷深し」で、幸福度が高い恋愛ほど別れのつらさと落ち込みも深いものになります。それを思うと、恋愛をドラッグに例える人々が多いことや、恋愛を精神錯乱状態と捉える心理学者がいることにも納得が行きます。人生の多くの問題は理性、時間、エネルギー、忍耐力を駆使すれば解決できますが、恋愛だけは例外です。

特に女性の場合、能力もルックスも優れている人が何故か恋愛においては上手く立ち回ることが出来ず、身を滅ぼしてしまうケースが多々あります。ですからそうした女性にとっては、燃えるような恋愛を夢見ることは〝Death With/デスウィッシュ（死亡願望）〟になりかねないというのが、私の偽らざる見解です。

GRAND CENTRA
TERMINAL

Q.4 悪運続きで悪運の縁起担ぎをしています

BAD LUCK & SUPERSTITION

長年、サイトを読ませていただいています。もう10年近くになるかと思います。このコーナーが出来たことをとても嬉しく思っています。私もご相談とご指南を仰ぎたいことがあります。

ここ9ヶ月ほど、とても悪い運が続いています。仕事、私生活共に不運が続き過ぎたせいで、いつも何か悪いことが起こるのでは？　という恐怖心さえ常に感じるようになりました。きっかけは私が悪くないことで友達に逆恨みされた事でした。別に確証はないのですが、その友達が執念深いことで知られていて、「嫌な人には呪いをかけるおまじないをする」などと公言する人なので、真剣に私が呪いをかけられているのではないかと心配しています。以来大切な物を失くしたり、ペットが車に轢かれてしまったり、私も大怪我ではないですが怪我をしたりで、原因不明の肌の発疹にも悩まされています。

それと私は3という数字絡みで悪いことが起こる運命にあるようで、友達の逆恨みから不運が始まったのも今年3月から。お財布を掏られたのも3番線で、13日とか、午後3時とか、悪いことがある時に3という数字がついて回ります。先週には好きじゃない友達（私を呪っていると疑っている人とは別の友達）から、キャンドルの3個セットをプレゼントされて、不幸の手紙を貰ったような気分になりました。

何年か前のコラムで秋山さんが「縁起をかつぐタイプ」だと書いていらしたのを覚えているのですが、秋山さんは不幸なナンバーとか、不運な状況にどうやって対処していらっしゃるのでしょうか。訪れる不運に、どういう心持ちで望んだら良いかだけでも伺えたら嬉しいです。

（E）

ADV

〝呪い〟は自分が心の中に作り出すイルージョン

私も不運が連続したことが今までに何度もありますので、Eさんのお気持ちは良く分かります。

不運が続くと「また悪いことが起こるのでは？」という気持ちが働いて自分に自信が持てなくなって消極的になりますし、エナジー・レベルがダウンするので本来備わっている実力や魅力が発揮出来なくなって、チャンスを逃がすなど、負の連鎖的な状況に陥るのは非常にありがちなシナリオです。

私の友人はそんな不運のサイクルに陥った際に、ちょっとした体調不良をパラノイア的に深刻に捉えてしまい、自分で奇病をデベロップしてしまいました。どの医者に行っても「ストレス」「原因不明の症状」、ついには「ライム病」と言われて、処方された薬を服用するうちにさらに体調が悪化する状況を招いてしまいましたが、本人は周囲に「病気には見えない」と言われても、病気だと主張して譲りませんでした。

Eさんのケースでは、まず「呪われているのでは？」とご心配なさっていますが、呪いの効き目があるのは呪いを信じる人だけなのです。言い方を替えれば物事を信じ易く、暗示に掛り易い人、呪いの存在を信じる人に〝呪い〟の効果がある一方で、物事を疑ってかかる人、呪い自体を信じない人は呪われることもないのです。

呪いというのは自分で自分の心の中に作り出すイルージョン、すなわち幻想であり妄想です。「人を呪うとそれがやがては自分に返って来る」と言われるのは、呪いの効力を信じて誰かに呪いをかけようとする人は、自分自身も誰かに呪われたら不幸になると考えて、それを恐れる気持ちがあるためです。そういう人が「誰かに呪われている」と思い込んだ場合、その恐怖に駆られて、まるで呪いが効いているかのように萎縮して、失敗や不注意、引いては不運を自ら招く行為をしてしまいます。

メールを拝読した限りではEさんも、そんな呪いの存在を信じていらっしゃる方かとお察しします。お友達が逆恨みをしているとのことでしたが、Eさんに非がないのならば尚のこと、呪われる筋合いなどありません。

ですのでまずは「呪われているのでは？」という気持ちが、Eさんの精神状態が生み出している幻想、妄想に過ぎないということをしっかり自覚することが大切です。アメリカには悪魔祓いや呪いのリバースなどを行なうビジネスがありますが、それをやって何が変わるかと言えば「呪いが消えたはず」という安心感を得るだけの違いです。その安心感は、悪魔祓いなど雇わなくてもご自身が気持ちの持ち方を変えるだけで得られるものなのです。

縁起をかつぐのは自信を得るため、恐れるためではありません

次に不幸のナンバーについてですが、私にはラッキー・ナンバーはありま

すが、アンラッキー・ナンバーはありません。

そもそも〝縁起をかつぐ〟とか〝ラッキー・ナンバーにこだわる〟という行為は、幸運を呼び込むことを目的に行なうものです。「あの時、これを着ていてラッキーだったから、今日もこれを着て幸運を呼び込もう」とか、「これを持つようになってからツキが回ってくるようになったから、いつも持ち歩くようになった」というのが〝縁起をかつぐ〟という行為で、これは幸運を呼び込むために必要な自信を得るために行なう行為です。

人間というのは本来強い生き物ではありませんから、勝負の前で緊張している際、失敗が許されない大切な瞬間、そこまでの大事でなくても日常生活の中で自分が抱く不安や恐怖心と戦うために心の支えを必要としています。そんな時に「自分は大丈夫」と思える何かがあるだけで、人間のパフォーマンスには驚くほどの差が出る訳で、そうした心の支えや自信を与えてくれるのが〝縁起をかつぐ〟という行為や〝お守り＆ラッキー・チャーム〟です。

Ｅさんの「この番号が不幸を運んでくる」というコンセプトはそんな〝縁

起をかつぐ〟という行為とは全く逆のものです。自分が自信を持てなくなったり、消極的になったり、ネガティブな気持ちになる要素、要因を自分で作り出して、未だ起こってもいない、起こるとも限らない悪いことや不運を恐れるのは〝縁起をかつぐ〟行為ではありません。

特に「3」というEさんのアンラッキー・ナンバーはあらゆるところに登場する数字で、時間だけを考えても1分間に3秒、13秒、23秒、33秒、43秒、53秒と6回も3という数字が絡みます。もしEさんがおっしゃるアンラッキー・ナンバーが、例えば〝752〟のように滅多に遭遇しない番号でしたら、それをアンラッキー・ナンバーと考えるだけの深い運命的な要素が見出せるのですが、一桁の「3」という数字はあまりにいろいろなところに溢れているだけに、何か悪いことが起こるたびに自分でいくらでも関連性をでっち上げることが出来てしまいます。

見方を変えれば、これだけ世の中に「3」という数字が溢れているのですから、それがEさんに不運をもたらした確率は非常に微々たるものです。したがって「3」をアンラッキー・ナンバー扱いする必要など、全くないというのが私の意見です。

幸福は心のコンディション

以前CUBE New Yorkの「キャッチ・オブ・ザ・ウィーク」のコラムにも書いたことがありますが、幸福というのは心のコンディションであって、人間が置かれている境遇ではありません。どんなに恵まれた家庭や経済状態で育っても不幸な人もいれば、周囲が同情するような環境で暮らす人が、意外にも心穏やかで幸福だったりするのです。

なので「大切な物を失くしてしまった」「ペットが車に轢かれてしまった」と、ショックなことが続いて気持ちが落ち込む状況はとても理解出来るのですが、それを必要以上に不幸に関連付けてしまうのは、不運を呼び込んでいる以外の何物でもありません。肌に原因不明の発疹が出来たとおっしゃっているのも、そんなストレスが原因かもしれません。怪我をされたことについても大怪我ではなかったとのことですので、それをむしろをラッキーだとお考えになってはいかがでしょうか。

かく言う私は、母がプロの占い師で「事故運はないけれど、怪我運がある」と言われて育ってきて、ふと気付くと子供の頃から今に至るまで、本当によく怪我をしてきました。でも「怪我運がある」という意識のお陰で、怪我をしても〝運勢通り〟と思うだけで、運が悪いと考えるような負の連鎖的なサイクルに陥るようなことはありませんし、それが事故運でなくて本当に良かったとさえ思っています。ですので私は不運というのは対処法を心得たら、自分の中で幾らでもそのインパクトを小さく出来るものと考えています。

現在のEさんは不運にフォーカスして、過去に起こった不運を分析したり、これから起こるかもしれない不運を恐れることに時間や精神力を割いていらっしゃいますが、まずはそのフォーカスを幸運に切り替えて、何が自分を幸せにしてくれるのか、何をしている時の自分が幸せなのかをじっくり分析してみてください。ラッキー・ナンバーでも、ラッキー・チャームでも、どんなアクティビティでも、自分に幸運や幸せ、心の安定、安らぎをもたらしてくれるものがあったら、それをどんどん生活の中に取り入れることをお薦めします。そうやって心の平和、引いては自信を身に着けていくと、人間というものはラッキー・ナンバーやラッキー・チャームなどに頼らずして、自力で幸福を呼び込むパワーやエネルギー、それらを発揮する強い意志を持つようになります。そうなった時が、幸せを追求する揺るぎない姿勢が備わった状態で、それは同時に幸せでもあります。要するに、人間にとって幸せというものは、自分自身の弱さを克服して、強く生きる状況を意味しているのです。

ですからEさんも、起こっていない不運の心配を止めて、自分を信じて強く生きることによって、きっと幸せが呼び込める、もしくは幸せというものに目覚めることが出来ると、私は信じています。

バックストーリー

私の好きな往年のヤンキーズのプレーヤーで、2015年に死去したヨギ・ベラが現役時代、バッティング・スランプをスポーツ記者に指摘された時の言葉に、「スランプなんかじゃない。ただ打てないだけだ」というものがあります。独特のユーモアで知られ、ニューヨーカーに敬愛され続けたヨギ・ベラは、プレーヤーとしてチャンピオンシップに10回輝き、コーチ、マネージャーとしてさらに3回チャンピオンに輝いたメジャーリーグ史上、最もサクセスフルなプレーヤーです。

不運も笑い飛ばすような強靱な精神力が、彼のサクセスをもたらしたのは誰もが認めるところで、ヨギ・ベラ自身「野球は90%が精神力、残りが体力」と語っているほどです。人生においてもサクセスのためには、弱気になったり、悪運を信じたり、呼び込んだり、未来の不幸を恐れるのはご法度です。何が起こってもヨギ・ベラのように「不運なんかじゃない、ただ上手く行かなかっただけ」とあっさり言えるようになるべきなのです。

Q.5 結婚式のドレスが原因の義姉との不仲

SISTER IN LAW FEUD

いつも楽しくサイトを読ませていただいています。こちらのコーナーもとても面白く、ためになるので、私も是非アドバイスをいただければと思い投稿させていただきました。

数年前、兄が結婚し、自分よりも数歳年下の義姉ができました。ところが、この義姉に私は嫌われてしまい、困っているのです。

原因は結婚式当日、私が着ていたドレスにあります。これは本当に偶然なのですが、義姉のお色直しのドレスと、私のドレスの色が若干かぶってしまったのです。

それでも、向こうはフルレングスのプリンセス・ラインのドレスで、こちらは足首くらいの長さでタイトなラインのドレスです。生地の材質も違いますし、違うといえば全然違うドレスとも思えるのです。その他、髪型も違いますので、全体の雰囲気も全く違うと私は思いました。

ところがこれが甘かったようで、義姉は思いのほかこのことが気に入らなかったようなのです。後日、兄に聞いた話なのですが、義姉側の親族がその日の主役である義姉よりも、むしろ私のことを綺麗だとほめてくれたようなのです。このことが義姉にはとてもショックだったようで、兄は泣かれたみたいでした。

ドレスがきっかけで、どうも義姉は私にライバル意識というか、ネガティブな感情を持つようになったようです。私としては、張り合うつもりもないので、式後から今日に至るまで、顔を合わせるときには普通に接しているつもりです。むしろ、義姉からこれ以上嫌われないようにと、普通以上に親切にしているようなところもあります。

例えば、会うときは義姉の好きそうなお土産を持っていったり、旅行に行ってもそれなりの値段の、気の利いたお土産を買ってきたり、皆で話している時も大人しい義姉の意見も聞こうと、話を振ってみたりと、私なりに仲良くしようと努力をしているつもりです。

向こうも普段は静かなお嬢さん風の振る舞いで感じもいいのですが、ちょっとした言動や、とっさの受け答えに、私に対する良くない感情が見えるのです。場の雰囲気を悪くするほどではないのですが、親も義姉の私に対するネガティブな気持ちには気づいています。私からすると、相手の不満を解消しようと努力しているにも関わらず、それが効果がないと思うと、やりきれない気持ちになります。こうなると、正直、私も義姉とのわだかまりは解消できないと思えてきました。ただ、今後の親戚としての付き合いを考えると、敵意のようなものは感じたくありません。

さらに兄とは二人きりの兄妹で、今後とも兄とは仲良くしていきたいのです（昔から兄妹仲は良好です）。兄は特に義姉の味方につくというわけではないのですが、義姉が私を嫌っているのは分かっているので、結婚してからは義姉がいないところで私との電話をするようになりました。

私はこういった事態も異常と思いますし、なるべくなら、別に浮気相手でもないのですから、堂々とメールでも電話でもコミュニケーションを取りたいのです。離れた場所に住んでいますし、私も結婚していますし、兄妹2人きりで会うことも全くありません。電話にいたっては、せいぜい年に2～3度程度です（ちょっと長電話にはなりますが）。それでもそこまで義姉に遠慮しなくてはいけないのかと思うと、義姉の考え方が凄く子供で我が儘に思えてくるのです。

今後、この事態を改善できる方法は何かあるのでしょうか？　私はどのように動けばいいのでしょう？　それとも、義姉の機嫌が直ることを気長に待つしかないのでしょうか？　アドバイスをいただければ幸いです。

（ＭＭ）

ADV.

これがもしアメリカの出来事であったら…

私は暫く日本の結婚式に出席していませんので、ここでアメリカのスタンダードをご紹介します。

例えば、MMさんがお友達のウェディングに出席したとします。その結果、MMさんが着用していたドレスが、見ようによっては花嫁のドレスに似ていて、花嫁が気分を害した場合、その日を境にMMさんと花嫁の共通の女友達は少なくとも暫くの間は、誰もMMさんのメールやメッセージに返信してこないのが通常です。

アメリカでは良家になればなるほど、結婚式は花嫁側のファミリーが費用を全額負担し、花嫁が1年前後を掛けて、ウェディング・ドレスはもちろんのこと、教会のフラワー・アレンジメントから、ウェディング・ケーキ、ブライズ・メイドのドレスなどを手配して、自分が夢に描いた通りのウェディングを実現するために準備します。中には〝ブラック&ホワイト・ウェディング〟のように、出席者の服装のカラーまで「黒か白のみ」というドレス・コードを定めて、ウェディングの写真写りまでコントロールする花嫁も少なくありません。

アメリカでは結婚したカップルの約50%が離婚に至りますが、それでも花嫁にとってはウェディングは一生に一度のイベント、子供の頃から夢見たイベントで、ウェディングに対する思い入れが非常に強いのは言うまでもないことです。これは国やカルチャーが変わっても同様だと思います。そのウェディングで、主役の花嫁が気分を害することをした場合、共通の友達から総スカンを食ったとしても仕方がない状況なのです。

したがってMMさんのお気持ちも分からなくもないのですが、ご説明いただいた状況から判断させていただいた限りでは、苦言を呈さなければなりません。

お兄様の結婚式は、言うまでもなく花嫁である義理のお姉様が主役です。

「偶然ドレスの色が似ていたけれど、MMさんの目から見れば違うドレス」とのことでしたが、このオケージョンではMMさんの見解がたとえ客観的に正しかったとしても、それはカウントされません。ウェディングの主役であり、子供の頃から夢見た日を迎えた花嫁が気分を害してしまった場合、それはMMさんに何らかの非があるということなのです。

生まれた子供にも将来語って聞かせることになるウェディングの日の思い出が、義妹のドレスが目立ちすぎて、台無しとは言わなくても、心にネガティブなインパクトをもたらすことになったら、その後の関係がギクシャクするのは当然だと思います。

また私が知る限り、結婚式の服装というのは「親族は着物の場合も、ドレスの場合も、地味にするのが常識」ですし、親族が花嫁を引き立てるために、お色直しのドレスのカラーをチェックしてから自分のドレスを決めるケースも少なくありません。

関係修復の第一歩は謝罪であって、気を遣うことではありません

そもそも義理の関係というのは非常にデリケートなものですし、女性同士なら尚のことです。ですから義理のお姉様にしてみれば、その結婚式のドレスで、妹とは言え年上のMMさんから、「ファミリーの主役は貴方じゃなくて、私」というような挑戦状をいきなり叩き突きつけられた思いをしたかもしれません。

いただいたメールに、お兄様が「結婚してからは義姉がいないところで私との電話をするようになりました。私はこういった事態も異常と思います」とありましたが、これはMMさんと義理のお姉様の関係を考えれば、別に異常なことではありません。お兄様はMMさんとはこれまで通りの兄妹関係を続けたいと思っていても、妻である義理のお姉様の感情も逆立てたくないの

です。

同様の状況で、伴侶と家族の双方との関係を上手く保つために気を遣って生活する人は、世の中に決して珍しくありません。それほど誰にとっても「義理の関係は難しい」ということなのです。

メールを拝読した限りでは、MMさんはその後「結婚式のドレスが、偶然似通ってしまったこと」について、義理のお姉様に謝罪をされたような形跡は感じられなかったのですが、義理のお姉様に嫌われた原因がこれだけはっきりしている場合、私は時間が経過していても義理のお姉様に謝罪するべきだと考えます。もし既に謝罪されていらしたら、もう一度だけトライすることをお薦めします。

心の傷として残っている出来事は、たとえ何年が経過しても相手が忘れたり、自分で気を取り直すようなことはありません。しかもその傷を与えた張本人に家族として会わなければならない場合、悪化の一途を辿るのが通常です。

ネガティブな感情が始まった原因を知りながら、それを放置して、表面だけ上手くやっていこうとするのは、腫瘍を取り除かないで塗り薬で治療しようとするようなものです。問題の根源が残っている限りは、ＭＭさんが何をしようと義理のお姉様にはネガティブにしか受け取れません。

旅行のお土産を買って持って行っても、旅行のあてつけがましい自慢だとしか受け取ってもらえませんし、会話に混ぜてあげようと話を振ったところで、「難しい話題を振って、私にボロを出させようとしている」としか考えられないように思います。また大人しい女性に対して会話を振るというのは、たとえ関係がギクシャクしていなかったとしても、さほど親切な行為として受取ってもらえないものです。

ＭＭさんが、お兄様に気を遣わせることなく、義理のお姉様と上手くやっていきたいと本気でお考えなのであれば、「ドレス選びに配慮がなかったこと」を認めて、「花嫁より目立とうなどという競争心など、全くなかったこと」「それが原因で自分が義理のお姉様から嫌われたことが分かっていたから、仲を修復しようと努力してきたこと」等をお伝えして、謝罪するべきです。

MMさんのメールから「私は悪い事はしていない」というお気持ちが強く読み取れましたが、この状況で誰が悪いとか、正しいという意識を持ち出してくるのは間違いです。

自分の価値判断よりも、相手の気持ちを優先させるのが思いやりです

義理の関係に限らず、人と上手くやっていくためには、時に不本意でも「自分が折れて、相手を立てる」ということをしなければなりません。この機会にそれが出来る人間になっておくことはMMさんの将来に決してマイナスにはなりませんし、一度、謝ってみたら「こんなに簡単なことが、どうして出来なかったのだろう」と思うかもしれません。世の中には、ほん

の小さな事で意地を張ったり、頑固になり過ぎて人生を難しくしてしまう人は少なくないのです。精神的な柔軟性というのは、生きていく上でとても大切なものですし、ストレスにこれほど効果的なものもありません。

一度、しっかり謝罪をしたら、今度は必要以上に義理のお姉様に気を遣うのを止めるべきです。気を遣うというのは、遣っている側は相手に対する親切だと思ってやっていますが、気を遣われている側もそれなりに疲れたり、迷惑に思っているものなのです。

もし義理のお姉様の態度が謝罪で変わることがなかったら、尚のこと、気を遣うのを止めて逆に距離を置いて接点を少なくするほうがお互いにとってベターです。もちろん配慮は大切ですが、何をするにも必要以上に努めるのはプラスよりマイナスに働きます。義理の関係はニュートラル・ポジションの、付かず離れずが一番なのです。

義理のお姉様のような大人しい女性は、内に秘めている感情が人一倍強いケースが少なくありません。それは、ネガティブに働くと厄介かも知れませんが、ポジティブに働いた場合、愛情が深く、相手に尽くしますし、自分の愛する人間とその周囲を驚くほど良く見ています。

お兄様にとっては心強い伴侶と言える一方で、MMさんのことも、MMさんが思っている以上によく見ていると思って間違いありません。MMさんが、「私は悪いことは何もしていないけれど、兄のために仕方なく上手くやっていこうとしている」ことも先方はお見通しです。MMさんの態度から「結婚式であんなに酷いことをしておいて、反省の色もない」のが分かるからこそ、MMさんを嫌っていると考えるべきだ思います。

この問題の根底にあるのは、事件の被害者と加害者の意識の違いです。被害者というのは事件の詳細を記憶に留めて、加害者に対する怒りやその時に負った身体や心の痛みを時間が経過しても忘れることはありませんが、加害者というのは往々にして事件の内容を記憶の中で自分本位に書き替えて、被害者の心理や被害そのものを軽視しがちです。時にいつまでも事件やダメージにこだわる被害者を批判したりもします。

「自分が同じことをされたら、こんなに怒らない」「自分だったらそんな事は気にしない」と考える加害者は少なくありませんが、その加害者が実際に同じ状況の被害者になった場合に、本当にそう考えるケースはまずありません。それどころか、他人の被害を軽視する人ほど自分の被害には大騒ぎをする傾向にあります。ですので自分の尺度や状況で、人の気持ちや出来事のインパクトを推し測るべきではないのです。

どんな関係でも、人間同士が上手くやって行くために不可欠なのが思いやりで、その思いやりとは文字通り「相手の気持ちを思いやること」なのです。

バックストーリー

私がこのご相談をいただいた時に思い出した出来事が、アメリカに来て間もない友人がボーイフレンドに連れられてウェディングに出掛けることとなった時の事でした。友人が「フォーマル用のバッグを貸して欲しい」というので、ウェディング当日に彼女のアパートにバッグを届けに行ったところ、何と彼女は真っ白なミディ丈のドレスを着ていました。彼女はサウス・アメリカの出身で、彼女の母国ではウェディング・ゲストがホワイトを着用するのは珍しくないとのことでしたが、「どうしてもそのドレスを着て行く」と言い張った友達を喧嘩腰で説得して、私のブラック・ドレスでウェディングに送り出しました。

その結果、彼女はアメリカのウェディングではゲストはホワイトを着用しない様子を目の当たりにしただけでなく、ボーイフレンドにも「白は花嫁の色だからダメだよ」と言われ、後日私に感謝してきました。

たとえ彼女の母国ではゲストがウェディングでホワイトを着用することが許されても、そのマナーがアメリカで通用することはありませんし、アメリカでのタブーを知りつつ母国の慣例を貫くのは、ウェディングのように主催者側に特別なエモーションが絡むイベントでは非常にリスキーです。

「結婚式の女性ゲストは目立たないようにするくらいで丁度良い」という意見もありますが、派手さはなくてもスタイリッシュにしていかないと、新郎新婦の友達の質が悪いように思われてしまいます。男性はダークスーツやタキシードで、どんなフォーマル・イベントでも無難に乗り切ることが出来ますが、女性の場合はそうはいきません。

「年齢を重ねれば、何を着用してもクレームが来ない」と解釈する女性もいますが、少なくとも欧米では花嫁の年齢も様々ですので、特に花嫁と年齢が近い場合は、何歳になってもドレスに配慮が必要だと思います。

Q.6 3ヶ月でルブタンを買わされた弟の交際

GOLD DIGGER OR NOT?

久しぶりにCUBE New Yorkにアクセスしたら、このコーナーが出来ていて思わず読み入ってしまいました。私もご相談したいことがあります。

29歳になる独身の弟がいます。女性には奥手というか、これまであまり交際してきた女性がいる訳ではなかったのですが、9月（2012年）くらいから、ある女性とデートを始めました。

そろそろ弟に結婚してもらいたい家族としては、女性と交際を始めるのは大歓迎だったのですが、そのデートで金遣いが荒くなりました。いつもではないですが、何度も高いレストランやお寿司屋さんに彼女を連れて行っているようで、クリスマスにはクリスチャン・ルブタンのシューズをプレゼントしたと言っていて、姉として弟の変貌にビックリしています。

と言いますのも弟は気前が良いタイプではなくて、どちらかと言えばケチで倹約家なのです。頭は良いのですがファッションには全く無知で、フランス料理のレストランにも興味はありません。クリスチャン・ルブタンについてもブランド名までは分からなくて、「あの底の赤い靴」とか言っているレベルですが、彼女に高額な靴を買ってあげるために、親にお小遣いを貰っているような情けなさです。両親は弟に与えたお小遣いが、彼女の靴代になっているとは知りません。

弟に「何でそんな高い靴、買ってあげることになったの」とさり気なく尋ねたら、クリスマスに何をプレゼントして良いか分からないので、彼女に訊いたらルブタンの靴が欲しいと言われたようでした。「クリスマスなんて年に1回なんだから」というのが弟の言い分ですが、日頃からデート代が嵩んでいるだけに心配しています。

弟には「そんな贅沢な女性とやっていけるの？」とさり気なく経済的に無理があることを匂わせる忠告をしているのですが、かなり相手が好きなのか「大丈夫」と言って流されてしまいます。弟はそんなに収入はないので、私の夫も「そんなに高い物を3ヶ月程度の付き合いの女性にプレゼントする必要はないよ」と忠告したのですが、男同士の会話でもダメのようです。

弟の貯金がなくなってしまう前に彼女と別れて、もっと経済的に無理のない付き合いが出来る女性を探して欲しいと思うのですが、何か良い方策はあるでしょうか？　両親には心配をかけたくないので未だこのことは話していませんが、弟の出費を知ったら両親も交際に反対するように思います。

身内のことで恐縮ですが、アドバイスをよろしくお願いします。

（N）

ADV

男性が好きな女性のためにお金を遣う心理の背景

恐らくNさんもお気付きでいらっしゃるかと思いますが、倹約家の弟さんが高額なレストランに彼女を連れて行ったり、クリスチャン・ルブタンのシューズをプレゼントしているというのは、弟さんが彼女に夢中なのに加えて、自分が気前良くお金を払わないと彼女が離れて行ってしまうことを危惧している、もしくは、彼女のためにお金を払うことで、男性としてのプライドや自信を保っているためです。

男性が交際をスタートした時点で、張り切って高額のデート代を支払うこと自体は決して珍しいものではありません。ですがそのケースでは、高額のデートを1〜2回した後には、徐々にそのバジェットが下がってくるものですし、男性側がデートの主導権を握って、自分が行きたいレストランや、自分がウンチクを語りたいレストランに連れて行くものです。弟さんの場合は、彼女が行きたいレストランに連れて行って、自分の経済状態を省みずに女性が欲しいというものを買ってあげて、それが3ヶ月続いていることを思うと、ほぼ〝言いなり〟の状態です。

まともな経済生活をしている女性ならば、男性の職業や話の内容から相手がどんな経済状態であるかはある程度分かりますので、そんな無理な出費を強いる女性は、明らかに弟さんを利用していますし、そもそも女性というものは、何でも自分の言いなりになる男性に惹かれる生き物でもありません。

もちろん女性が弟さんの収入が実際より多いと思って、贅沢なデートや高価なプレゼントをねだっている場合もあるかも知れませんが、いずれにしてもお財布代わりに利用している場合は、〝金の切れ目が縁の切れ目〟になります。

男性からお金を巻き上げていく女性というのは、誕生日、初めてのデートから半年目の記念日など、スペシャル・オケージョンをどんどんクリエイトしては高額レストランに連れて行かせたり、〝お揃いグッズを持つ〟という名目プレゼントをねだったり、男性の性格や心理を見抜いて、それに合わせて相手を持ち上げたり、蔑んだりしながら、どんどん男性にお金を払わせる術を心得ていたりします。

その調子で巻き上げられてしまうと、弟さんは貯金を減らす一方となりますので、ご両親には弟さんにあげたお小遣いが、ガールフレンドのシューズ代になってしまったことをさり気なくお伝えしておくほうが良いかと思います。そうでないと今後金策に追われた時に弟さんが再びご両親を頼って、そのお金が右から左に彼女のために使われてしまうのでは、ご両親に申し訳ないように思います。

説得や忠告よりも、計画的なアクションが解決策

こうした状況で一番やってはいけないのは、「そんなお金を使わせる女性はやめておきなさい」などと交際に反対して、弟さんと対立してしまう事で

す。そうすると弟さんは女性に夢中なだけに、Nさんやご家族から距離を置くようになって、益々女性にのめり込んでいくようになりますし、借金までして尽くしてしまうかもしれません。

ですので内心はどうあれ、Nさんやご主人が弟さんの交際を応援しているかのように振舞うべきで、そのほうが弟さんが交際のいろいろな状況をオープンに相談し易くなります。女性との付き合いには慣れていないのでしたら、弟さんとてNさんからのアドバイスを必要としているはずです。

お金目当ての女性を追い払うための最も有効な常套手段は、徐々に家族の付き合いに巻き込もうとすることです。具体的には、弟さんと彼女が興味を示すシアター・イベントにNさんとご主人が2人を招待して〝ダブル・デート〟をしてみるなどです。この場合、計画は弟さんを巻き込んで行なうべきです。すなわち「貴方がそんなに好きなら彼女との交際を応援するので、一緒にミュージカルに行く時にさり気なく会わせて！」というように、弟さんと一緒にNさん夫妻とのダブルデートをプランしてみてください。

Nさん夫妻とのディナーに彼女を連れて来ることには抵抗を示すかもしれませんが、彼女が喜びそうなシアター・イベントであれば、Nさん夫妻に会ったとしても簡単に挨拶して隣に座るだけですし、ましてやNさん夫妻がそのチケットをプレゼントしてくれるのなら、尚の事、弟さんはデート代が減らせるので歓迎すると思います。

女性側にしても一緒にシアターに出かけるくらいなら、軽い気持ちで応じるかと思いますが、もし「Nさん夫妻と一緒」と聞いて断った場合は、弟さんが彼女との付き合いを見直す小さな機会を与えることになります。

実際に彼女に会う機会が持てた場合には、「いつも弟から話を聞いています」「弟が夢中になるのも分かるわ！」と、弟さんが常に彼女のことをNさんに相談して、まるで結婚を考えているかのようにほのめかすこと、簡単に彼女のご家族のことを尋ねてみること、そして近々彼女を家族のイベントに招待するなどと、未来の義妹のように彼女を扱ってみて下さい。お金目当ての女性であれば、そんなNさんの言葉を火災報知器のシグナルや危険信号として捉えますので、その段階が引き際だということを悟るはずです。

もちろん実際にお会いになってみたら、女性が弟さんと相性の良い、きちんとした方であるケースも無きにしも非ずですので、こういう形で弟さんの彼女に一度会ってみることは悪くないと思います。

押してもダメなら引くリバース・アプローチを

それとは別に、どんな恋愛感情でも相手に盲目的に夢中な状況というのはそう長くは続かないものです。さほど恋愛経験がない弟さんでも、やがては徐々に冷静になってくるはずなのです。でも前述のように周囲が反対すれば、逆に弟さんが意固地になって冷静になる機会を逸してしまう場合があるので、それは避けなければなりません。

メールを拝読した印象では、Nさんは姉として弟さんの良き相談相手になっていらっしゃる様子なので、彼の交際に反対することなく話を聞いてあげれば、徐々に弟さんが自分自身でその恋愛について悟ることは沢山あるはずなのです。相手に夢中な恋愛の場合、周囲の言葉には一時的な説得力はあっても、本人が相手と1回でも気分が良いデートをすればその効力は消え失せます。こうした恋愛においては、本人が自分で問題点を悟るしかありませんので、まずは弟さんご本人の意思を尊重して、弟さんの味方としての立場を明確にして、徐々に本人が「貯金を減らしてまで彼女に貢いで、果たして彼女と将来どうなろうとしているのか？」と自問自答するように誘導するべきなのです。

人間の心理というのは不思議なもので、自分が迷いを感じていても周囲に反対されると、それに反発する気持ちから没頭したかと思えば、逆に周囲から強く勧められるせいで自分の不安が軽視できなくなって止めてしまったり、迷いが高まって実行に移さないことは沢山あります。「いつでも止めて良いから」と言われたことを長く続ける人は多いですし、「やったらダメ」と言われたことをやりたくなる子供も沢山います。

人に何かを止めさせたい場合、「止めろ」というのがベストのアプローチではないのです。特に説得しても効き目がなかった場合は尚の事です。相手を思う気持ちが強ければ強いほど、自分が正しいと思うことを押し付けたくなるのは人間として自然なことですが、押してもダメな場合は引いてみるのが一番なのです。この機会は弟さんにとって女性との交際を学ぶチャンスになるかと思いますが、Nさんにとっても人との駆け引きを学ぶための貴重な体験になることと思います。

バックストーリー

私の以前のボーイフレンドは、ホッケーのアマチュア・リーグのフィルイン・プレーヤーをしていたことがあるホッケーの達人でした。フィルイン・プレーヤーとは、アマチュア・リーグのチーム・メンバーがビジネスや家族の都合で試合に出られない際に、さほど金額は高くないもののフィーを支払われて欠員を埋めるプレーヤーで、彼にとってはお金を支払われて大好きなホッケーが出来るという、一石二鳥のメリットをもたらすものでした。

彼が自分のホッケーの才能に気付いたきっかけは、子供の頃に出掛けたサマー・キャンプで生まれて初めてフィールド・ホッケーをプレーしたところ、直ぐにベストプレーヤーになってしまったためで、キャンプから戻った彼は、早速、両親に「アイス・ホッケーをやってみたい」と懇願したとのことでした。ところが父親に「アイス・ホッケーなんて危ないし、お前に出来るはずがない」と猛反対されたことから、彼は後から振り返ると本当にやりたいかどうかも分からないまま「絶対にやる」と頑固に言い張って、その秋からホッケー・チームに所属し、そのまま大学までプレーを続けることになったのでした。

彼自身、「あの時父親があんなに反対していなかったら、ホッケーなんてやっていなかった」と言っていましたが、私はこの話を聞いてからというもの、人間の「反対されたから意固地になる」という心理にとても敏感になりました。

このように、周囲のリアクションが人間心理を逆の方向に動かす〝リバース・エフェクト〟は、意思が強い人、思い込みが強い人、人生経験が浅い人、勝気な人、楽観的な人に特に顕著なものです。これらの性格の人々は、同様の状況において判でついたように同じリアクションを示す傾向が強いだけに、その性格と対策を一度理解すると、交渉事などがスムースにコントロールできるようになったりもします。

逆にこれらの性格に当てはまる人については、自分のエモーションをコントロールして、「引っ込みがつかない」という状況に陥らないようにすることが大切だと思います。

Q.7 友達の友達とは勝手に仲良く出来ない？

DUMPED BY YOUR GIRLFRIEND

Akiyama様、

数ヶ月前に友人宅のちょっとしたパーティーに招かれて、そこに来ていた男性とお友達になりました。携帯メールで何回かやり取りをして、職場が近いこともあって、2回ほどランチを含む食事に出かけました。

それ以外にも、お互いの友達と一緒とか、パーティーに来ていた共通の友達と一緒に何度か出掛けたのですが、パーティーを主催した友人にとっては、私達が勝手に仲良くなってしまったのが面白くなかったようなのです。

パーティーを主催した友人を仮にNさんとすると、Nさんは友達から私とその男性が食事に出かけたり、パーティーに来ていた他の友達と一緒にコンサートに行ったというような話を聞いて、「自分のパーティーがきっかけで出会った同士なのに、自分に報告もなければ、一緒に出かける時に自分を誘いもしないのは礼儀知らず」と思ったようなのです。実際にNさんが「私の友達と仲良くする時は、一言くらい私に報告してくれるべき」という文句を言っていることは人づてで聞きましたし、私が別件でNさんに出した携帯メールは無視されたままになっています。

そのせいなのでしょうか？　Nさんが年末に自宅で行なったパーティーに、私とその男性はお声が掛りませんでした。彼は全く気にしていませんが、私は何となくNさんのご機嫌を損ねて友達のサークルから外されたような気分です。私がNさんに何も言わずに彼と会っていたのは、そんなに悪いことだと見なされるのでしょうか？　その男性とはごく普通の友達で、共通の趣味があるので時々2人で、もしくは友達を交えて一緒に出掛ける程度の仲です。その男性はNさんとも交際していたようなことはなく、ごく普通の友達同士です。

こういうケースで、私はどうするべきだったのでしょうか？

（F）

ADV

人間関係は真っ当な理屈が通じないケースが殆どです

このケースでは、もしFさんがパーティーの席でお友達のNさんから男性を直接紹介されてお友達になったのであれば、Fさんはその後男性と食事をする前にNさんに何らかのご報告をするのが筋だと判断します。ですがFさんがパーティーでミングルしているうちに、たまたまその男性とお友達になったのであれば、本来はNさんに対する報告の義務や必要はありません。

でも人間関係や、人と人の感情というのは、真っ当な理屈が通じないケースが殆どです。報告すべきであったか否かは、FさんとNさんがお友達としてどの程度親しい関係にあるかに加えて、Nさんのお人柄によると思います。

FさんがNさんと親しい友人関係でしたら、その後男性と会ったことを報告する機会があったと思うので、非常に親しい間柄ではないようにお察しします。その場合、Fさん側は男性と交際を始めた訳ではないので、「わざわざNさんに報告しなくても……」と考えるのは不思議ではありませんし、それが周囲の目から不義理な行為に映ることもないはずです。ですがこのケースで唯一問題になっているのはNさんの気持ちなので、たとえFさんのしていることが理屈に適っていても、Nさんが気分を害していれば、Fさんがお友達のサークルから外されてしまうのは自然の成り行きなのです。

世の中には人と人を紹介しておいて、その人同士が自分との関係以上に親しくなるのが面白くないと考える人は少なくありません。そのタイプは自分が話題の中心になるのを好む人、ジェラシーが強い人、詮索欲が旺盛な人で、意外にパーティーを主催するような友達が多く、一見華やかな存在がそういう人物であるケースが多いのです。

もしNさんがそういう人柄と判断される場合は、何らかの形でFさんが男性とお友達付き合いをしていることをあらかじめ伝えておくほうが賢明なのです。こうした性格の人は、自分に少しでも関わることは、全て自分で知り尽くしているのを好む反面、自分が知らないことを人から聞かされるのを嫌って、時にそれをある種の侮辱とさえ受取る場合があります。

例えばNさんと別のお友達との間で、「Fさんが、Nさん主宰のパーティーで出会った男性と時々食事に出かけている」という話題が出たとします。その際、もしFさんが事前にNさんにコンタクトをしていて、「でも本人達の言い分では、職場が近い同士のお友達付き合いみたいよ」と、Nさんがその場のお友達が知らない情報を提供できる立場になっていれば、Nさんのプライドは保たれるのです。

ところが、そのニュースがNさんにとって初耳となると、「私のパーティーで知り合っておきながら、どうして私だけがそれを知らないの？」というような、反感を買うことになっても不思議ではありません。ですからNさんのお人柄から、状況を報告したほうが良いと判断される場合は、それを行なったほうが波風が立たずに済むのです。

〝私が紹介した友達〟に関する本音とタテマエ

「友達を通じて出会った友達が、果たして自分の友達か？」「どの時点で自分の友達と判断して良いか？」というのは非常に難しい問題ですし、自分を通じて知り合った友達同士が仲良くなることについては表向きの〝大義名分〟と実際の〝本心〟が異なる状況を、私はこれまでに何度となく目撃してきました。

誰もが「友達は自分の所有物ではないから……」と本人同士の自由意志を尊重する姿勢を語りますが、実際に自分を通じて知り合った友達同士が、自分をそっちのけにして非常に親しくしている場合、それを心から手放しに歓迎出来る人というのはそれほど沢山は存在しません。自分が紹介した友達同士が企画したディナーに招待されなかったことで「私が引き合わせた友達なのに」とクレームを言う人、セレブリティがやってくるパーティーに友達が自分を連れて行ってくれると思っていたら、自分が紹介したばかりの友達を連れて行ったと腹を立てる人、友人宅のパーティーに出掛けたら「ゲストが全員自分を通じて知り合った人ばかりだった」と蔑んだように語る人など、その例を挙げたらきりがありません。

また数年前に友人宅のパーティーで出会った男性によれば、私の連絡先をパーティーのホストだった女友達に尋ねたところ、「彼女（私のこと）は自分でビジネスをしていて忙しいので、迷惑になるから連絡しないで欲しい」と断られたとのこと。結局、彼が別の友達から私のEメール・アドレスを聞いてコンタクトしてきたのでこのことが判明しましたが、このようにパーティーに招待した人間同士が友達にならないように画策する人というのも全く珍しくないのです。

それとは別に私の知人は、友達主宰のパーティーで知り合った男性と結婚しましたが、事ある毎にパーティー・ホストだった友達に恩を着せられるのに疲れ果てて、結婚式までは何とか我慢をしたものの、それ以降は絶縁状態になってしまいました。

　こうしたことからも分かる通り、パーティーを主宰するなどして友達に新しい出会いを提供するのは感謝されることですが、そこで出会った人同士の関係にとやかく口出しをしたり、不満を訴えていれば、周囲は「この人の紹介で人と知り合うと、面倒なことになる」と感じて警戒心を抱くようになっていきます。したがってNさんのように振舞っていることは、決して交友関係のプラスにはなりません。

　それでも、「一応は相手の顔を立てる」というのは社交上、とても大切なことです。一般的な理屈で状況を一律に判断するのではなく、一つひとつの人間関係に応じてやるべきことは怠らないように心掛けるほうが遥かに起こり得る人間関係のトラブルが防げるのです。

　こうした人付き合いの苦労を重ねると、常識という範囲内で無理なく付き合える友達というものが、いかに有り難いかが実感出来ると思います。

バックストーリー

　私がQ&ADV．のコーナーや、別のコラムに何度となく書いてきたのが、交友関係というものが人生の毒にも薬にもなるということです。人間は一人では生きて行けない一方で、一人で生きて行かなければなりません。交友関係が薬となる時は前者を痛感し、交友関係が毒になる時は後者を痛感することになります。

　また社交や交友関係というものは、人に毒を盛る行為としても使われます。たまたま数人の友達で偶然食事に出かけただけの話を、それに参加しなかった人があたかも仲間外れにされたかのように話す人は、決して少なくありません。理由や都合があって一緒に出掛けただけの場合でも、その目的をあえて語らずに一緒に出掛けた部分だけを強調したり、その時に出た話題や、その場にいた人にしか分からないエピソードを持ち出してきて、それに参加していない人が疎外感を味わうように仕向けたり、自分が様々な社交イベントを仕切っているかのように演出したがる人もいます。

そうかと思えば、周囲が未だ知らない友達の情報を自分の社交権力のようにひけらかしながら話す人もいますし、友達が知らない噂話について「えっ、知らないの？」と見下すようなリアクションをして、社交の不安感を煽る人もいます。

確実に言えるのは、もし誰かがこのうちのどれか1つでも行なっていた場合は、その人とはどんなに努力しても良い友達にはなれないということです。長く付き合える友達というのは、人に疎外感を与えたり、情報を操作するようなことはしません。一緒にいる時間を楽しく過ごそうとする人は、話題に入れない人に気遣うことはあっても、あえて皆が加われない話題を持ち出したり、噂話の知識をひけらかしたりすることは決してないものです。

そういう視点から人付き合いをしてみれば、交友関係の不安や問題はかなり回避することが出来ると私は思っています。

Q. 8 友達の婚約者に口説かれたことを友達に忠告するには？

SHOULD I TELL MY FRIEND...

仲が良い友達が結婚することになって、その二次会のお手伝いをしています。新郎新婦の2人と、私を含む新婦側の友達、新郎側の友達で、時々ミーティングをしていますが、皆でかなり酔っ払うまで飲んだ日がありました。たまたま新郎と私が同じ方向なのでタクシーに同乗したのですが、こともあろうに新郎が私のことを口説いてきたのです。

私は内心ギョッとしましたが、冗談を言って取り合わないようにして、酔っ払っているせいにして何とかその場を逃げました。でもタクシーの中で新郎が私の手を握り締めてどんどん自分のほうに引っ張っていった時は、本当にどうなるかと思いました。今でも思い出すと、トラウマみたいになっています。

次のミーティングでは、新郎も私も、何もなかったように振舞っていましたが、新郎の友達によれば彼はモテるのだそうで、よくバーやクラブで女の子を引っ掛けてしまうという話を、新郎新婦がいない時にしていました。そんな話と私の経験から考えると、友達が彼と結婚したら彼の浮気で苦労するのは目に見えていると思うのです。

友達は以前付き合っていた彼氏が浮気をして、それが原因で別れたことがあって、その彼の悪口を何度も聞いたことがあります。彼女はジェラシーが強いタイプなので、結婚相手の浮気を許せるタイプには思えません。彼女が彼の浮気で傷ついてから、私が「実は二次会のミーティングの帰りに彼が口説いてきた」などと言ったら、きっと「どうしてその時に忠告してくれなかったの」と言われそうな気がしています。

私が彼女の立場だったら、誰かが忠告してくれたほうが有り難いように思うのですが、果たして友達に話すべきなのか、話すとしたら、どうやって切り出したら良いのか分かりません。誰かに相談すると、こっそり言いふらされるような気がするので、誰にも相談できません。忠告する場合は、私と新婦の間だけの秘密として話そうと思っています。

お知恵を拝借できたら幸いです。

（S）

ADV

女性は相手の浮気を疑っても、信じたくない生き物です

人生において、〝誰にも言わず、相談もせずに墓場まで持っていったほうが良い事〟というのは誰にでも起こることですが、Sさんが経験されたのはまさにその1つです。ですから私はSさんがお友達にフィアンセの浮気性や、酔っていたとは言え、彼が口説いてきたことを忠告するのはお薦めしない立場です。

というのは女友達の間でのこうした忠告というのは、十中八九、忠告した側が悪者にされるからです。そうなってしまうのは、以下3点の要因が挙げられます。

・男女間のモラルに関しては女性でも、男性でも、男性側に対して甘く、女性側に対して厳しいこと。

・浮気をし慣れている側のほうが、忠告をする側よりも遥かにウソに長けて

いること。

・人間というのは、自分が信じたいことを信じる生き物であるということ。

私のかつての友達が非常に類似したケースを体験しているので、それを例に挙げてご説明させていただきます。

彼女は、自分の女友達のボーイフレンドに何度も言い寄られているうちに、彼と一晩を過ごしてしまいました。一度そういう関係になると、女友達がボーイフレンドとのデート話でのろけているのを聞いていられなくなるようで、それがジェラシーからなのか、彼を信じて幸せそうにしている女友達が愚かに見えるからなのかは、定かではありませんでした。いずれにしても彼女はある時、女友達にボーイフレンドが自分と浮気をしたことを告白して、彼が信頼できる男性ではないことを忠告しました。

その後何が起こったかと言えば、まずボーイフレンド側は最初は浮気を否定していましたが、やがてウソがつき通せないという段階になって、今度は

「酔っ払って自制心が効かなかった時に、猛然と迫られた」ことを理由に浮気を認めました。そして最初に浮気を否定するウソをついたのは「女友達2人の友情にひびが入るのを心配したため」と説明しました。

その結果、100％信じてもらえたのは彼のストーリー。私のかつての友達は、女友達のボーイフレンドを寝取ろうとした〝Whoa／ホア（売春婦）〟扱いで、一斉に仲間外れにされてしまい、1人泣きを見る思いをしました。

女性というのは、夫やボーイフレンドの浮気について自分で勘付いた場合には、その可能性を否定したいと思う気持ちと真実を知りたいという気持ちが入り乱れて、詮索意欲が旺盛になるものです。しかしながら、他人に忠告されるなど、〝寝耳に水〟の状態で入ってきた浮気の可能性については「まさか、そんなはずはない」というファースト・リアクションを示します。どちらのケースにおいても、女性側はよほど相手に愛想を尽かしていない限りは、「相手が浮気をしていない」という方向で考えたがるので、後から頭を冷やして考えてみれば、明らかに浮気をしているような状況でも、ウソで固めた言い訳を信じて、不安を払拭しようとす試みるものなのです。どんなに頭が良く、理性的な女性であっても、この状況では全く同じリアクションを示すのです。

男性が浮気をした場合、敵視されるのは相手の女性です

男性側の浮気というケースでは、何故か常に浮気相手の女性を悪者にして、カップルの関係を穏やかに収拾するケースが殆どです。合意の上で関係したのであれば、浮気の当事者は〝同罪〟と考えるのがフェアだと思いますが、男性側には「相手に誘われた場合、コントロールが効かない生き物」という概念や、「自分の種族の継続と繁栄のために、本能的に複数の女性と関係するように生まれ付いている」というような、浮気に都合が良い言い訳やバイオロジカル・ストーリーが幾つも存在しています。それもあって男性は結婚

さえしていなければ、浮気で社会的に制裁を受けることもありません。たとえ結婚していた場合でも、夫が妻に高額のジュエリー等をプレゼントして、浮気を許してもらうのは良くある話です。

女性にとって夫や恋人の浮気の最悪のシナリオの1つと言えるのが、自分の友達や知り合いと浮気されることですが、女性というものは、自分の友達と浮気をした夫のことはキープしても、自分の夫と浮気をした友達のことは徹底的に攻撃して、自分のサークルから追い出すのが常です。

Sさんの場合、お友達のフィアンセとは結果的に何もなかったのですから、好き好んで波風を立てる必要はありません。

もしお友達に忠告をして、お友達がフィアンセを問い詰めたとしても、「酔っ払って、からかっただけ」程度で片付けられてしまいますし、前述の私の友達のように「自分のほうが口説かれた犠牲者」という説を彼が展開するかもしれません。そうなったら「彼がモテる」ことは周囲が認めているだけに、「彼が浮気性」という解釈よりも「Sさんが彼に迫った」という説を周囲が信じても全く不思議ではありません。

またメールには「私と新婦の間だけの秘密として話そうと思っています」とありましたが、一度Sさんが新婦である友達に話せば、お友達はジェラシーが強い性格とのことでしたので、フラストレーションや、混乱、時に怒りを感じて1人で悩むよりも誰かに相談したり、愚痴ったりします。彼女が誰かに相談する際には、Sさんの忠告が彼女の感情的な視点で捻じ曲げられますので、それを聞いた側がSさんを批判するのは目に見えています。そしてそれがきっかけで、共通の友達からSさんが批判される可能性は極めて高いと言えるのです。

人生においては、誰かに忠告されるより自分で悟ったほうが良いことが沢山あります。自分の中ではそれが親切で、正しいと思うことでも、忠告するよりそのままにしたほうが良いケースが多いのです。

Sさんとお友達のフィアンセのことは、Sさんさえ口を閉ざしていれば、誰の耳に入ることもありません。もし将来的に彼が浮気をして、妻となったお友達が悩むことがあったとしても、それはSさんのせいではありませんし、Sさんが忠告したからといってそれが防げる訳でもありません。

　これから結婚して幸せになろうとしているカップルの未来に、影を落としてしまうより、タクシーの中で起こった事は、友達のフィアンセが「ただ酔っ払って、からかってきただけ」と考えて、ご自身の中で消化してしまうのが一番です。

無性に無益なことをしたくなる原因は潜在的な感情です

　女性というのは不思議な生き物で、「今でも思い出すと、トラウマみたいになっています」とおっしゃるSさんですが、日頃から女性にモテて婚約者がいる男性に口説かれたという事が潜在的な優越感になったり、そのトラウマ経験であるはずの出来事を頭の中で反復して思い返しているうちに、本当に相手のことを好きになってしまう場合があります。Sさんがお友達に忠告するべきかと悩んでいらっしゃる様子を読ませていただいた私の正直なリアクションは、理由はどうあれSさんが「彼に口説かれたことをお友達に話したくてたまらない」ように見受けられるというものでした。

私に限らず、周囲の誰もが「止めておけば良いのに」と考えるような忠告をしようと考えているSさんの本当の心理は、友達の将来の心配ではなく、「誰かにこのことを話したい」「誰かに聞いて欲しい」というSさん自身の願望で、それは恋愛感情の初期症状であったりもします。

前述の私の友人にしても、友達の彼氏に口説かれているうちに徐々に女性としての様々な優越感が恋愛感情に変わっていったからこそ、「忠告」という形で言わなければ良いことを言って、皆に嫌われる結果を招いたものと私は判断しています。もしSさんが今の気持ちを増幅させて行けば、やがては共通の女友達などに彼に言い寄られたことを話してしまい、それがきっかけで顰蹙を買うことになっても不思議ではありません。

人間というのは、頼まれてもいないことを無性にやりたくなる場合、それには必ず本人の潜在的な欲望や感情が絡んでいます。ですので、そうした見地からSさんが何故そんなに考えを深く巡らせてまでお友達に忠告したいのかを、今一度冷静に考え直してみることをお薦めします。

バックストーリー

Q&ADV．のセクションには、恋愛の悩みよりも不倫や浮気についてのご相談が寄せられる傾向にあります。この時にいただいたご質問は、浮気でも不倫でもないレベルについての珍しいケースだったので、とても良く覚えています。

かなりお酒が入っていたことや、問題になるほどの浮気には達していない状況を考えると、「特にそこまで問題視しなくても」というのが私の第一印象で、それを深く考え過ぎるご相談者が「さほど恋愛経験が豊富ではない」という印象も同時に受けました。そしてそこから掘り下げていくうちに、ご相談者の中に友達の婚約者に対する恋愛感情が目覚めているのでは？　とも考えるようになりました。

もちろんご相談者は私からのアドバイスを読んで、「まさか！　冗談じゃない！」というリアクションをされたかもしれませんが、私が察するところ、ご相談者もこの時点ではその感情に気付いていなかったものと思います。人間というのは、不思議な心の動きをする生き物です。人に指摘されて「まさか！」と思うことが実は「図星」であることは珍しくないのです。

PERSHING SQUARE

Q.9 子供をコントロールする母親との付き合い方

HOW TO DEAL WITH YOUR CONTROLLING MOTHER

いつもコラムを楽しく拝見しております。ぜひ、アドバイスをいただきたくてメールをしました。

相談したい内容は、母との関係についてです。母は普段は穏やかで明るく優しい人なのですが、一旦「これが正しい！」と思うと、周りが何を言おうと、絶対に聞き入れない頑固なところがあります。

一例を挙げますと、10年近く前の話になりますが、大学受験の際に第一志望の大学A校と、滑り止めのために受験した大学Bの2校に合格しました。

当然第一志望の大学に行くつもりでいたのですが、「知り合いの◯◯さんがB校は素晴らしい大学だと言っていた」「B校でなければ学費は出さない」と言いだしました。知り合いの◯◯さんとは数年に一度会う程度の付き合いの方で、私にしてみれば、母とどういった関係の方かも知らないような人です。A校に行きたいと何度も訴えたのですが認めてもらえず、かといって「A校に行けないのならば高卒でもかまわない！」「自分で学費を稼いでから行く！」という根性もなく、なんとなくB校に入学してしまいました。A校とB校では偏差値も知名度も大学の規模も全く違いますし、目標にしていた大学に合格したにもかかわらず入学できなかったことで、なんとなく無気力なまま4年間過ごし、今に至ります。私は卒業後、自分の卒業校を誰にも言っていません。言えません。TVや新聞でA校のことが取り上げられるたびに、「A校を卒業したと言いたかった」と涙が出てくる始末です。私以外の姉弟に対しても同じで、家族旅行、就職、結婚、ありとあらゆることに自分の意見を押し付けて、自分の意見が通らなければ「私は参加しない、認めない」の一言で、その場の雰囲気や計画をぶち壊してしまうのです。

もういい年齢なので、私や姉、弟は自分の意見を押し通せばいいと思うのですが、母の言動の根本にあるのが「家族にはより良いものを選んでほしい」という気持ちだというのが分かるので、何となく強く言えないまま、母の言い分を尊重し、妥協点を見つけながらやってきました。

普段は母のことは大好きです。家族仲もとても良いです。でも、たとえ間違っていようとも自分の意見を押しつけなければ気が済まない母を見ていると、もううんざりなのです。姉、弟が揉めていると仲裁に入り、妥協点を探すのにも疲れました。「家族みんなに嫌われてしまったらどうするんだろう?」と不安にも思います。姉の結婚が母の反対をきっかけに破談になったのを見て、今後どう付き合っていけばいいのか分からなくなってしまいました。とにかく、コントロールしなければ気が済まない母親との付き合い方について、助言をいただけると嬉しいです。

(S)

ADV

深い心の傷は時間の経過で癒えることはありません

私がアメリカに来て驚いたことの1つが、親や家族との意見が合わないため「もう何年も親と口をきいていない」「家族に暫く会っていない」という人、はっきり自分の親や家族を「嫌いだ」というういう人が、日本に比べて格段に多いということでした。

その一方で日本の友人の中には、自分が着たかったウェディング・ドレスをお母様の反対で諦めなければならず、幸せなはずの式の当日でさえ涙が出て仕方がなかったエピソードなどが多々ありましたが、自分の道を選ぶために親や家族との縁をスッパリ切ってしまう人生、親の意見に従って自分がしたいこと、自分が選んだものを諦めなければならない人生というのは、たとえそれ以外が完璧であったとしても幸せな人生とは言えないというのが私の意見です。

お母様についてのアドバイスをさせていただく前に、まずSさんの大学入学時について。10年近くが経過した今でも涙が出てくるというのは、非常に深い心の傷になっているものとお察しします。第一志望の学校に行くために努力して受験勉強をして合格したにもかかわらず、ご説明の状況でそれより遥かに劣る第二希望に甘んじたのでは、今も「悔しい」「悲しい」と感じて当然だと思いますし、時間の経過でその傷が癒えることはないと思います。

でもその気持ちを今のような状態で引きずってしまうと、この先何が起こっても「あの時A校に行っていたら、私の人生は違っていたかもしれない」「あの時A校にさえ入学していれば、こんな思いをしていないのに……」という気持ちが湧いてきて、それが試練や問題と直面する際の重たいハンディキャップになってしまいます。

お母様の意思で入学はしなかったとしても、第一志望の大学に合格したのですから、Sさんには定めた目標のために努力をすれば、それが達成出来る実力や能力があることは誰にも否定は出来ませんし、学校の選択で人生は決まりません。ここで一番大切なのはその時の悲しかった気持ち、今も味わう悔しい気持ちを、今後のSさんの人生のために活かすことです。そうでなければ、苦しんできた意味がありません。

そこまで心に深い傷を負う出来事を経験されたのですから、Sさんはそれを振り返って「自分の人生にとって、大切な事は自分で決めたい」「人生において自分の望むものを手に入れたい」「2度と大学入学の経験を繰り返して、後悔する人生を送りたくない」という強い気持ちを持っているはずです。その気持ちをお母様との関係に限らず、人生のあらゆる面において活かして行かなければなりません。この時の経験を〝自分が後ろ向きになる人生を肯定する要因〟として使うか、〝自分の悔いのない将来のために自分を駆り立てる要因〟として使うかで、Sさんの人生は180度変わってくると思います。

親が子供を過度にコントロールする背景

では、本題のお母様の件について。

お母様の「コントロールをしなければ気が済まない」という性格が、どこから来ているかを考えてみて下さい。基本的に親が子供を過度にコントロールする背景には2つの要因があります。

1つ目は「子供を信頼していない」、具体的には子供の能力を信頼していないためです。親の立場からすれば歩くことさえ出来なかった頃から育ててきたのですから、そんな子供が直ぐに一人前の人間になるとは思えない様子は理解できますが、往々にして親達は子供が自分の知らない間に正しい判断が下せる立派な人間になっていることに気付いていないのです。

そのためいつまでも「子供の判断では危なっかしい」というような思い込みを抱き続けているケースが少なくありません。そういう心理があると、子供が下した決断をサポートするよりも、まずはその正当性を疑ってかかる姿勢がいつまでも持続します。

Sさんが自分の将来を考えて選び、目標にしてきた大学よりも、数年に一度会う程度の友人が「良い学校」と言った大学を執拗に押してきたことからお察しして、お母様はSさんの選択や判断を信頼していなかった様子が窺えます。

お母様の友人が大学進学のコンサルタントをされているのなら話は別として、その友人との久々の会話が、Sさんの意思や選択より優先された背景には、Sさんが「未だ未熟だから、何も分からず決めてしまったに違いない」「やっぱりあの子1人の判断じゃダメ。こういう大切なことには私が介入しないと……」という心理があったように判断されます。

なのでお母様が「学費を出さない」とまで主張されたのも、Sさんの判断の誤りを正して、良い学校に行って欲しいという親心だったと察しますが、このような子供に対する信頼が欠落した状態が続けば、どう考えても子供側が正しい場合でさえ当たり前のように否定されたり、認めてもらえない、取り合ってもらえないという問題が常に生じます。

余談ですが、お母様の友人にSさんと年齢が近いお子さんがいらっしゃる場合は、「Sさんが自分の子供より優秀な大学に行くのが、何となく面白くない」というジェラシー交じりの感情から、わざとお母様にレベルが下の大学を薦めるというケースもあるのです。

「まさか」と思われるかも知れませんが、女同士、母親同士というのは、様々な部分に複雑な競争心を秘めているものなのです。

親が子供を過度にコントロールする背景の2つ目は、親が「自分の手で子供を幸せにする」という強過ぎる使命感を持っている場合です。

この場合、自分というフィルターを通さないものは子供に与えないだけでなく、子供が自分で描く幸せを否定して、自分が子供のために描く〝幸せと思しき状況〟を押し付けてきます。自分が選んだもの、自分が与えたもので子供が幸せになることが大切なので、時に子供が気に入っているものを取り上げてまで、自分が選んだものを押し付けます。

最初は気に入っていたものを取り上げられて大泣きしていた子供が、やがて与えられた情況に慣れて普通に振舞うようになるのを「幸せ」と勘違いして、「自分が与えたものが正しかった」と思い込みながら子育てを続けてきますから、自分の判断には絶対の自信を持っています。

親が親として成長するためには

こうした親のコントロールの根底にあるのが「愛情」という人もいますが、私はこれを親の「エゴ」だと判断します。

子供をコントロールしたがる親というのは、子供に対して「いつまでも自分のいう事を聞く良い子」であって欲しいと思っていても、「自分で決断を下して、それに自信と責任が持てる一人前の大人」になって欲しいという気持ちが希薄である場合が殆どです。こうした考えを持つ親はいつまでも子供を6歳児のように扱っているので、自分も親として成長していません。知らない間に子供が成長して、逆に自分のエゴを我慢したり、許す立場になっていることにさえ気付いていない場合が殆どなのです。

とは言っても子供を過度にコントロールする親のほうが、教育や育児に熱心で、子育て全般に〝感情〟を注いでいるケースが多いのも事実です。子供の側にしてみれば、親からの影響のネガティブとポジティブを最も強く味わうことになりますし、自己主張が強くなる年齢に達した子供が親に対する反抗期に陥る傾向が強いのもこうした親子関係です。逆に放任主義の親に育てられた子供は、親に対する反抗期がない、もしくは度合いが浅いケースが殆どです。

私がこうした親達について〝愛情を注いでいる〟ではなく、〝感情を注いでいる〟とあえて表現したのは、子供をコントロールする親には往々にして、子供に対する信頼が欠落していると同時に、1人の人間としての尊厳を認めていないケースが多いためです。愛情を語る関係において、信頼と人間としての尊厳は不可欠な存在です。それが介在しない人間関係に、本当の愛情はあり得ません。したがって親が子供を過度にコントロールする際に親が示すのは〝感情〟であって、〝愛情〟ではないというのが私の考えです。

誤解しないでいただきたいのは、子供をコントロールしたがる親に愛情がないという意味ではありません。本当の愛情を示さなければならない時に、自分の感情が割り込んでくるのがこのタイプなのです。

本当に親としての愛情があれば、子供を信頼して自分で決めた道を歩ませて、その決断をサポートすると同時に、それに責任を持たせるはずです。それが失敗に終わった場合には、そこから学ぶべき事を学べるように導くのが教育です。人間なのですから失敗するのは当たり前ですし、失敗からのほうが学ぶことは多いのです。そうした教訓は若いうちから身に付けていくからこそ、後の人生で大きな失敗をせずに済むのです。また自分の決断で物事が上手く行った場合は、それが将来の自信と経験になるのは言うまでもないことです。

逆に親が全てをコントロールしていたら、子供は決断力、実行力、自信、責任、失敗しても折れない強さや、柔軟性を学んだり、身につけたりする機会が奪われるだけでなく、押し付けられたものを不本意なまま受け入れることを繰り返すだけの人生を送ってしまいます。本来なら自分の達成感を味わうべき経験が、単なる親の手柄で終わってしまうケースも少なくありません。

Sさん、お姉様、弟さんが、家族としての〝和〟を守るために「母の言動の根本にあるのが〝家族にはより良いものを選んでほしい〟という気持ちだというのが分かるので」と考える気持ちは理解出来るのですが、果たして本当にそうでしょうか？

お母様が選ぶものがご自分にとってベストではないことを知りながら、そう考えようと努めることは、「どうせ、言っても認められない」という状況を自分に妥協させようとする姿、すなわち諦めの正当化のように見受けられる、というのが私の偽らざる意見です。失礼ながらお母様の姿勢は「家族にはより良いものを選んで欲しい」というよりは、「家族には私が良いと思ったものを選んで欲しい」と受取れるもので、そこには家族一人一人の自由な選択の余地は存在していません。メールからお察ししたところでは、そんなご家族の「妥協＝諦め」の連続が「家族のことはお母様が全てを決める」という状況を歯止めが掛からないレベルにしてしまったように受取れます。

ですが親が親として成長する大きな要因は、子供が自分が思うように育たないために苦しんだり、葛藤したりするためなのです。反抗期や、対立、反目を通じて、親子がそれぞれ家族として、お互いを尊重しながら共存していくポジションを見出すケースは多いのです。その共存のポジションというのは、親と子がお互いを家族の中の1人の人間として認め合うことだと私は考えています。

家族の絆の本当の意味合い

今後の対策として私がお薦めすることは、まずどんな小さなことでもこれからは一切お母様に意見を求めずに、全て自分で物事を決めて、日常生活の中から自分の決断を少しずつ主張していくことです。日頃から「××に出掛ける日」「○○さんの家に持っていくお土産」など、今までだったらお母様の意見を求めていたような些細な事に関しても、「自分で決める」姿勢を言葉と行動で示すことです。お母様に決断についてを打診された場合も「もう大人だから、自分で決めます」と言って、お母様のコントロールや決断が、日常生活の段階から介入しないように努めることがまず第一歩です。

「日頃は、お母様の顔を立ててコントロールを受け入れて、肝腎な時は自分が物事を決めたい」というようなアプローチは大きな間違いです。前述のように、コントロールの背景にあるのは信頼、信用の欠落と、1人の人間としての尊厳が認められていないことなのです。Sさんが自分の判断で生きられる大人の人間であることを、日常生活のありとあらゆる側面でお母様に示して自分が親離れする段階であることをアピールしなければ、いつまでも〝コントロールしなければならない子供〟に扱われてしまいます。したがってお母様との関係に、もやは子供としての〝甘え〟は許されません。

それとは別に、Sさんは3人姉弟の真ん中でいらっしゃるので、親のコントロールから最も逃れやすい立場にいるのです。子供3人の家族というのは不思議なファミリー・ダイナミックスがあります。真ん中の子供だけが家業を継がないとか、真ん中の子供だけが外国で暮らしている等、家族の中で波風立てずに異質な存在になれるのが、3人姉弟の2番目なのです。

なのでSさんが精神的、経済的に自立して、徐々に巣離れする姿勢を打ち出すことによって、お母様からのコントロールから少しずつ逃れられる可能性は、お姉様や弟さんより高いのです。そしてSさんが前例を示すことによって、お姉様や弟さんにも同じ道が開かれる可能性が高まるのです。

メールの文面には「姉、弟が揉めていると仲裁に入り、妥協点を探すのにも疲れました」とありましたが、私の考えではSさんはもう仲裁に入るべきではありません。Sさんが仲裁に入った結果、お母様の主張をお姉様や弟さんに納得が行くように噛み砕いているだけなのであれば、事態は何も変わっていませんし、Sさんもストレスを抱えるだけで解決策にはなっていません。

Sさんが大学入学時に味わった心の傷が、誰に説得されても、誰に仲介されても癒されることがなかったのと同様に、根本的な問題が残ったまま、表面だけ穏やかに収めようというのはかえって残酷です。

お姉様も、弟さんも、1人の大人なのですから、家族のためでも犠牲に出来ないほどに自分にとって大切なものがあった場合は、お母様と徹底抗戦をして、その結果、自分の道を選ぶかも知れません。そんな決断を尊重、サポートするほうが、妥協点を探して仲裁するよりも、家族愛と言えると私は考えます。

Sさんも、お姉様も、弟さんも、これまでのお母様とのやりとりで、既に様々な思いをされて、お母様が反対しそうなこと、お母様が自分の意に反して選びそうなことが既に分かっていらっしゃるとお察しします。

なので、「自分の意思を通す」と決心した場合は、お母様に選択の余地を与えることなく、反対された場合への周到な準備をして、「既に決心したことなので、認めていただけないなら仕方ありません」という断固たる姿勢を取らなければならないかもしれません。でも、人生において一番大切なのは後悔しないことなのです。家族がそれぞれに自分の幸せを追求することと、仲良く和を保っていくことは、相反するするコンセプトではありません。

自分の決意を通した結果、暫くお母様との関係がギクシャクすることがあるかも知れませんが、どんなにやり合っても、元のさやに戻れるのが家族の絆というものです。

自分の意にそぐわない、人生の大切な選択を押し付けられたことで、お母様に不満を抱き続けるより、難しい局面があったとしても、肝腎なところで自分が正しいと思う、自分にとって最善の選択をするほうが、長期的には遥かに家族のためになることを忘れないでいただきたいと思います。それと同時に、家族の絆の強さというものをもっと信じていただきたいとも思います。〝家族の絆〟とは血縁関係のしがらみではなく、どんなことがあってもそれを乗り越えて愛情を注ぎ合える関係を意味するのです。

愛情と強い意志で、家族共存のポジションを

私が長い目で見ている限り、親や家族と反目する時期があっても、自分に後悔しない選択をしてきた人は、時間を掛けてでも家族の絆が取り戻せている、もしくはその可能性があるケースが殆どです。逆に、親や家族のせいで一生が後悔の連続になっているようなケースでは、親に対してはっきり「恨む」、もしくは英語で言う「Ｈａｔｅ／ヘイト」、すなわち〝憎悪する〟という言葉を使うほどに、修復できない関係になっているケースが少なくありません。

私の友人のティーンエイジャーの弟さんは、親のコントロールや厳しい宗教観から逃れるために、家を出て、生活保護を受けながら、アルバイトをして学校に通っています。家を出てから1年は実家に出入り禁止状態で、家族

が集まるサンクスギヴィング・ディナーにさえ呼んでもらえない状態でしたが、次の年からは家族の集まりにはお声が掛る程度に関係が改善されました。日本人でここまで出来るケースというのは私は過去に1人しか知りませんが、そうやって親との関係において様々なレベルでの戦いや試練を強いられるケースは世の中に決して珍しくないのです。

Sさんのケースで一番やってはいけないのは、お姉様、弟さんと、団結してお母様と対決してしまうことです。そうすれば、お母様は「私が知らない間に、結託して……」と意固地になってしまう可能性が高いですし、3人のうちの誰かが弱音を吐いて、いつもの通りに妥協点を探そうとすれば3人が総崩れになって、以前よりお母様のコントロール・パワーが増すことになります。

加えて「騙し騙し、乗り切って行くしかない」という考えも、結局はお母様のペースで物事が進むだけです。それが続けば結婚相手から、子供の名前まで、この先一生お母様のコントロールから逃れることは出来ません。

Sさんが日頃はお母様のことが大好きで、ご家族が仲が良いことは素晴らしいことだと思います。ですが家族に愛情が注げるのは家族愛の恩恵を受けているからこそで、家族の犠牲になってそれを一生続けることは出来ません。今回、かなり厳しいことを沢山書いてしまいましたが、親子や家族の関係は大切に保っていかなければならないだけに、とても大きな問題です。確実な解決策がある訳でもありません。

Sさんは既につらい思いに耐えてきたのですから、お母様に対してこれまでと変わらない愛情を抱きながらも、強い意志を持って、1人の自立した大人としての接し方をしていくことが出来ると私は信じています。

それと周囲が諦めさえしなければ、たとえ時間が掛っても人は変わります。どんなに頑固で周囲の言うことを聞かない人でも、自分の限界を感じれば変わります。

このことを頭に入れて、Sさんだけでなく、お姉様、弟さんにも、お母様とのこれまでとは違う〝家族としての共存のポジション〟を模索するように努力していただきたいと思います。

バックストーリー

私が人間の人格形成に最も大きな影響を及ぼすと考えているのが、親との関係です。たとえ生みの親に会ったことがない人でも、親の偶像を作り出してその偶像との関係を築く傾向にあります。

子供が「自分にとって親がどれほど大きな影響を及ぼしているか」に気付くのに時間がかかるのと同様、親にとっても「自分が子供に対してどんな影響をどれだけ与えているか」を本当の意味で悟るのには時間が掛かります。

日本語の「親バカ」という言葉は、通常自分の子供に対して正当な判断力を失って、何でも過大評価する状況に使われますが、子供がいない私が親達を見て、時に「親バカ」という言葉を頭に思い浮かべるのは、親になってしまったがために子供の気持ちが分からなかったり、子供が如何に親をよく見ていて、自分も子供にジャッジされていることに気付いていない状況に遭遇する時です。

残念ながら、人間というのは長く生きているからといって、賢くなる訳ではありません。賢くなるための知識や情報を得たり、学ぼうという姿勢があるからこそ賢くなるのです。その意味では学ぶことを止めた親＝大人よりも、成長段階で学ぶ必要性を本能的に感じながら生きている子供達のほうが学習能力もあれば、頭脳の回転も速かったりします。経験、知識という大人のアドバンテージを取り除いた場合、子供のほうが優れている点は決して少なくありません。

いずれにしても人間の中軸となる部分、すなわち個人のアイデンティティの中核は、自分のルーツである親の存在なしに確立されることはありません。

ですからどんなに親と上手く行かなくても、その関係を諦めるのは自分の人生の一部を諦めることと同様です。たとえ一方的な努力であっても、たとえ無駄と思われる歩み寄りでも、親子関係の改善、修復に繋がると思われることは、親が生きている間に試みるべきというのが私の考えです。

それによって何の成果も上がらなかったとしても、親子関係のためにベストを尽くしたという事実が一生の後悔から本人を救います。人間は年齢を重ねれば、重ねるほど自分のルーツに帰ろうとします。親との関係に後悔を残すと、それが年齢を重ねた時に若い頃には想像も出来なかった重さと苦しみを伴って自分にのしかかってきます。

だからこそ親子関係については失望の連続でも、報われなくても、傷ついても、親のためではなく、自分のために出来る限りの努力をするべきなのです。自分を幸せにするためには、どんな努力も決して惜しむべきではないのです。

コラム

Q&ADV.を書く私へのFAQ

Q&ADV. FAQ

私がQ&ADV.をスタートさせてから、知人からも、CUBE New Yorkのウェブサイトの読者の方からもこのコーナーの執筆についていろいろご質問を受けるようになりました。

よく受ける質問には以下のようなものがあります。

・いつ質問へのアドバイスの内容を考えて、どのくらいの時間でアドバイスを書くのか？

・悩みを相談されてストレスにならないのか？

・アドバイスが読む人から反感を買うことを恐れないのか？
・Eメールの内容だけでは情報不足で答えられないことはないのか？
・アドバイスの的が外れているかもしれないと思ったことはないのか？

これらに一つひとつ、この場を借りてお応えすると、まず私がアドバイスの内容を考えるのは、週4～5回のセントラル・パークのジョギングの最中です。12キロ弱のコースを1時間以上掛けて走るので、考える時間はたっぷりありますが、時にアドバイスについての思考が深くなるせいで、自分がどうやって1時間以上を走っていたかを殆ど憶えていないことは珍しくありません。そして考えた内容を早いうちに文章に落とし込むようにしていますが、Q&A.D.V.のコーナーは人気セクションとは言え、CUBE New Yorkの業務の一部に過ぎないので、そうそう時間は掛けられません。ですが文章にしているうちに、新しい結論に導かれるケースも少なくありません。

幸い私はポジティブ・シンカーであるのと、相談内容へのアドバイスを考えている最中に、私自身が学んだり、悟ったりすることが非常に多いので、どんなことをご相談をいただいても全く私のストレスになることはありません。Q&ADV.の執筆は、常に自分のためのトレーニングと思ってやって来たことです。

「アドバイスが読む人から反感を買うことを恐れないのか?」については、私は2000年からCUBE New Yorkのウェブサイトを運営してきたので、これまでにもかなり厳しいご意見をいただいたり、インターネット上で憶えのない悪口を匿名で書かれたことは何度もあります。それが増えたところで、もう気にするようなメンタリティではなくなりました。

そんな批判や反感を気にして、当たり障りのない上辺だけの慰めのアドバイスを書くことは、せっかく勇気を出して相談して下さった方達に失礼だとさえ思っています。

Q&ADV.のコーナーには、過去に一通だけ「見下し目線だ」というご指摘をいただいたことがありますが、それ以外はポジティブなご意見をいただいていますので、それもこのコーナーを続ける励みになりました。人間ならば誰もが意見や考えを持っていますが、それを周囲のリアクションを気にしたり、恐れたりして自分の中に閉じ込めているとしたら、それは寂しいことだと思いますし、その状況から思考や意識が向上することはないと思います。自分が正しいと思う考えや意見を発信すること、それを実践する人間としての強さを持つことは、生きて行く上でとても大切だと私は確信しています。

「Eメールの内容だけでは情報不足で答えられないことはないのか？」については、確かにご相談を読み終わった段階で情報が不足していると思うことは少なくありません。でもそれは見方を変えれば、「説明不足の部分が軽視されている」、もしくは「相談内容のコアの部分に意識や感情が偏り過ぎている」と捉えることが出来る訳です。

また与えられた情報量だけで、どこまでアドバイスが出来るかも私にとってのチャレンジになっています。

最後の「アドバイスの的が外れているかもしれないと思ったことはないのか？」については、心配はしませんが、そういう事はあると考えています。でもご相談者にとっては的が外れたアドバイスでも、同じ状況で悩んでいる方、悩んだことがある方達には役立つことがあるかもしれない訳です。実際にQ&ADV．のご感想メールで最も多いリアクションが、「自分へのアドバイスと思って読みました」というものです。そうかと思えば、私自身が全く意図しなかった形で「このアドバイスに救われました」というリアクションをいただくこともあるので、何がどう役立つかは分からないものです。

私がこのコーナーがスタートしてからずっと貫いてきた姿勢は、ご相談者のために出来るだけ親身になって、その人生を応援するポジションでアドバイスをするというもので、その意味では私のアドバイスはご相談者や同様の問題で悩む方達へのエールなのです。

ですからたとえアドバイス自体が役に立たなかったとしても、ご相談者が「自分を知らない人が、ここまで親身に考えてくれる、応援してくれる」という気持ちを抱いて下されば、少なくとも励ます、元気づけるという目的は達成できると私は信じています。

Chapter 2 UPPER EAST SIDE

第2章　アッパー・イーストサイド

マンハッタンは東京の世田谷区ほどの面積と言われますが、その中のエリアにそれぞれのキャラクターがあります。ニューヨーカーの多くは通勤の便、子供がいる場合は子供の学区域等を考慮して住む場所を決める傾向にありますが、そうでない場合は自分のライフスタイルに合ったエリア、自分が好きなエリアで物件を探します。私の場合、それがアッパー・イーストサイドでした。

私は過去25年以上に渡ってアッパー・イーストサイドに暮らしてきましたが、ニューヨークではここ以外に住む場所は考えられません。友人とのナイトアウトの際には、ソーホーやローワー・イーストサイド等、ダウンタウンに出掛けることが多い私ですが、私にとってダウンタウンは出かける場所であって住む場所ではありません。以前友人に、「何故同じアップタウンでもウエストサイドではなくイーストサイドを選ぶのか？」と尋ねられたことがありますが、その理由の1つはハドソン・リバーに沈む夕陽よりも、イースト・リバーから昇る朝陽を眺めるほうが好きなためです。でも最大の理由は私のキャラクターがアッパー・イーストサイダーであるためです。マンハッタンではアッパー・ウエストサイドは、子供がいる若いファミリーが住むエリアというイメージが定着しています。また引っ越し業者によれば、服よりも本が多いのがアッパー・ウエストサイダー、本よりも服が多いのがアッパー・イーストサイダーとのことで、子供がいなくて本より服の量が多い私としては、同じアップタウンでも西側には住めません。

私にとってアッパー・イーストサイドは他のエリアにはない不思議な安心感が味わえて、街並みも、空気も、住人も、地磁気も自分に一番しっくりくるエリアです。私はニューヨークに来てから沢山の事を学びましたが、学んだ事を持ち帰って考えたり、反省したり、アイデアを温め直すのがアッパー・イーストサイドであり、エネルギーを充電するのもこのエリアです。私のニューヨークの歴史がぎっしり詰まっているのがアッパー・イーストサイドですが、毎日を生きて行くには、生まれ故郷とは別に自分の〝Ｈｏｍｅ／ホーム〟と呼べる基盤が大切なのだと思います。

Q.10 私の親切に全く感謝しない友達

NO APPRECIATION

私が過去2年ほど仲良くしているのが、5歳年下の女性です。友達というより先輩・後輩のような仲で、私が彼女にファッションから、恋愛を含む人間関係までいろいろアドバイスをしてあげるような感じですが、気が合うので一緒に出かけて話し込むことが多く、過去2年近くの間、私が最も長く時間を過ごした友達かもしれません。でも友達というには、あまりに私の持ち出しが多い仲ではあります。

彼女が友達の結婚式に着ていくドレス選びに私が付き合ったり、私のアクセサリーを貸してあげたこともありますし、彼女が行きたがる有名レストランに連れて行ってあげたり、彼女のために私が何かをすることが多いのです。

年上なこともありますが私のほうが職種の関係で収入も多く、彼女は未だ将来に何がしたいか分からないこともあって、お給料が安い仕事をしています。いつもお金に困っていて、一緒に出かけると私が払ってあげるケースが殆どです。

そうなってしまったのは彼女が失業中に知り合ったためで、「仕事が見つかるまでは私が払ってあげる」と言っていたら仕事が見つかってからもそれが続いてしまい、今では2人で出かけると私が払って当たり前という感じで、本人は悪いとは思っていないようなのです。

彼女が低収入でもやっていけるのは、他にも年上の男性（彼氏ではない人）が彼女にしょっちゅうご馳走してくれたり、お芝居を観に連れて行ってくれたりしているためで、収入が低くても周りに助けてもらうのが上手いですし、それを特に悪いとか、迷惑を掛けているとは思わないので、サラッと面倒を見てもらって本人はケロッとしている感じです。

振り返ってみると私はかなりの金額を彼女のために払ってきたので、そろそろ普通に自分が食べたものは自分で払うような間柄になりたいと思って、あえて高いレストランに行かないようにしてきましたが、一向に自分が払おうという気配は見せてくれません。私は彼女のためにクリスマス、誕生日にはプレゼントをあげていますが、私の誕生日やクリスマスに彼女に何かをしてもらったことはありません。

金銭的なことだけでなく彼女のためにはいろいろ親切にしてきて、友達に頼んで彼女が行きたがっていたコンサートのチケットを取ってあげたり、お医者さんを紹介してあげて治療費を安くしてもらったり、早朝から並ばなければならない申し込みに彼女の代わりに並んであげたり、〝尽くしている〟といっても過言でもないくらいに彼女に良くしてきました。彼女の生活そのものも、私と知り合ってから随分改善されたと思います。

彼女もそれなりに喜んで、口先では「ありがとう」「助かった」程度のお礼は言ってくれますが、それだけです。早朝の行列の時も後からやって来た彼女と申し込みを済ませた後、スターバックスで休憩していたのですが、そんな時のコーヒー代さえ私に払わせたのには内心唖然としてしまいました。私に早起きをさせて並ばせておいて、コーヒー代まで私に払わせるのかと。

それだけでなく、時々お互いの共通の友達と一緒に出かけることがあるのですが、彼女はその会話の中で私が払ってあげた有名レストランのディナーについて、まるで自腹で味わったかのように話します。

そんなこんなで、だんだん不満がつのってきていたところに、彼女に新しくボーイフレンドが出来ました。それは歓迎すべきことなのですが、彼氏は彼女と同じくらい貧乏なのだそうで、彼の食事代を時々彼女が払っているらしいのです。お金がないはずの彼女が昨年のクリスマスや、2月の彼の誕生日には結構な金額のプレゼントをしていて、そんなお金があるのなら、どうしてこれまで彼女に良くしてきた私にコーヒー1杯さえ払うことが出来ないのかと情けなくなってしまいました。

最初は「見返りを期待して、親切にしている訳ではないから」と自分に言い聞かせていました。でも、彼氏が出来てからの彼女のお金の使い方を見ていると、本当に今までの自分が馬鹿らしく思えてしまって、悔しさも込み上げてきます。

彼女の性格は好きですし、良いところも沢山あるのですが、私が何をしてあげても、当たり前だと思って、口先で「ありがとう」と言えばそれで片付くと思っているところは、どうしても納得できません。だからと言って「彼女に私のためにプレゼントを買って欲しい」と言っている訳ではありません。自分でも、彼女に何をして欲しいのか分からない感じですが、食事くらいは割り勘にしたいとは思っています。

秋山さんにお聞きしたいのは、これをはっきり本人に言うべきなのかということです。見返りを期待して親切にしてきたのではないですが、これは酷すぎると思っています。でも本人は言っても分からないと思うし、自分で悟ることがあるとも思えません。

この不平等な関係を思うと、友達関係が続けられないようにも思えています。支離滅裂な訴えに読めるかも知れませんが、お知恵を授けていただけると嬉しいです。

（Y）

ADV.

人が恩知らずになる背景

文面を拝見して、Yさんが年下のお友達のためにとても良くしてきたことは手に取るように理解できる次第です。

いくら見返りを期待していなくても、してあげた好意に対して、いつも口先で「ありがとう」だけでは、報われない気持ちになっていくのも当然だと思います。

残念ながら世の中にはどんなに親切にしてあげても、それを有り難いと思わなかったり、大したことだと考えなかったり、一言お礼を言えば十分だと思っていたり、自分のために人がそのくらいのことをしてくれるのは当たり前だと思い込んでいる人がいるものなのです。恐らくその年下の女性も、そんな1人なのだと思います。

こうした人々が「恩知らずな人間」になってしまった過程は、往々にして成長期に愛情を掛けられて育っていない、周囲に良くしてもらったことがない、もしくは親が同様に恩知らずである場合が多いようです。人間は愛情を掛けられて、人の好意を受けることによって、その有り難味や感謝の気持ちを学んで、自分が他の人に対して同じように親切にする幸せ、人を幸せに出来る幸せを身につけていくものです。

メールから拝見した限りでは、その年下の女性は人格が形成される大切な成長期に、与えられたり、注がれたりする愛情がなかった分、人を利用したり、上手く立ち回ることで、必要なものを手に入れる生き方を身につけたのではないかと思います。

こうした成長期を過ごして、何となく上手くやってきた人というのは、それなりに世渡り上手ですし、ルックスが良い等、人に良くしてもらえるだけの魅力がある場合が多いのです。でもどんなに良くしてもらっても感謝の心を示さない姿勢を続けていれば、やがては人が離れていってしまいますから、一見チヤホヤされているように見えても、親友と呼べる友達がいない、心を許せる友達がいない等、人間関係に不安や不満を抱いているケースが多いのです。

金品が絡む親切の落とし穴

また感謝の気持ちが足りない人というのは、自分が人に対して本当に親切にした事がない人が多いのです。ですから人に親切にするというのが、そう簡単ではないことも分かりませんし、親切にした人が何をしたら報われるのかも分かっていません。

Yさんは「彼女に私のためにプレゼントを買って欲しい訳ではないけれど、彼女に何をして欲しいのか分からない」とメールに書いていらっしゃいましたが、Yさんが心の中で望んでいるのは、口先だけではない本当の感謝の気持ちをお友達が示してくれることなのです。Yさんが連れて行ってあげたレストランの話を共通のお友達としている時に、もし年下のお友達が「Yさんがご馳走してくれたけれど、凄く美味しかった！」とYさんの顔を立てたり、感謝の気持ちを示すようなコメントをしていれば、Yさんの好意はそれで報われたのです。

Yさんが贈った誕生日やクリスマスのプレゼントにしても、彼女がそれについて「凄く使い易くて、本当に重宝しているの。ありがとう。」などと頻繁に感謝の気持ちを見せてくれれば、Yさんもそれで満足していたはずなのです。

世の中の多くの人々はYさん同様、見返りを期待して人に親切にしている訳ではありません。自分の親切によって相手が喜んでくれて、幸せを感じて、感謝の気持ちを返してくれる、そのエクスチェンジのためにやっているのです。

メールでいただいたご相談内容で、Yさんに落ち度があるとすれば、年下のお友達に感謝の気持ちが欠落していることを知りつつ、ずっと一方的な親切を続けて、相手がそれを当たり前と思う状況を作ってしまったことかもしれません。

人間というのは、慣れると鈍化する生き物ですから、年下のお友達はいつも食事代を支払って下さるYさんよりも、予期せずしてディナーを払ってくれた別の人に対して、もっと感謝の気持ちを抱いているはずです。金品が絡む親切というのは頻度が高くなると、受け取る側の感謝の気持ちがどんどん希薄になっていきます。それだけでなく「今日はこの程度の食事?」「去年のプレゼントのほうが高かった」というように望むものが大きく、貪欲になっていくのが通常です。それはYさんのお友達のように、親切が分からない人なら尚のことです。

Yさんがメールで指摘されている通り、恐らくお友達は良くしてくれた人に対する感謝については言っても分からないでしょうし、言われて分かるくらいだったらそれまでに学んでいたことでしょう。したがって今から何か文句を言えば、Yさんが何らかの見返りを期待していると曲解されて、Yさんのほうが貪欲だと誤解されることさえあり得ると思います。

Yさんがお友達のために早朝から行列した時に、コーヒー代さえ払わずにYさんを唖然とさせたのですから、そのエピソードで、もうその女性はそういう人なのだと割り切ってしまうべきなのです。

友情関係はフェアで対等でなければ長く続きません

友情関係というのはフェアかつ対等なもので、お互いに尊敬と信頼が出来る間柄でなければ、真の友達として長続きはしないというのが、私が常に思うことです。

人生においては、一時的に一緒に過ごす時間が多いために相手を近しい友人だと思い込んでしまうケースは決して少なくありません。ですが無理をしたり不満を感じながら付き合っている場合には、その人たちは時間が掛かることがあってもやがては去っていきますし、そうあるべきなのです。

Yさんは、年下のお友達が基本的に好きで、良いところもあるとお考えのようでしたが、それはYさんがお友達をもっと良い人だと思って面倒を見ていた時、彼女に興味を示して一緒に時間を過ごしていた時の話で、現状はご自身がメールの最後に書いていらした通り、「この不平等な関係を思うと、友達関係が続けられないようにも思えています」という状態なのです。

そこまで悟っているのですから、無理にお友達との付き合いを自分に強いる必要はないのです。お友達の分もディナーを支払いたくなかったら、彼女とディナーに行かなければ良いだけですし、一方的にバースデーやクリスマスのプレゼントをあげる必要もないのです。何を望んで良いか分からない相手とは、何も望まない関係になるのが一番なのです。

Yさんは友達でも恋人でも好きになった人を喜ばせたいという気持ちが強いだけに、自分が徐々に相手を好きでなくなってきた場合もそれなりの努力をしてしまいますが、これからはそんな努力を同等の友情が育める人達のためにしてみてください。

最後に感謝の心がなく、日頃から周囲を利用している人に限って、恋愛においては上手く立ち回れないことが多いのです。もちろん相手が一方的に自分のことを好きな場合は利用の対象にしてしまうだけですが、本人が本当に相手を好きになってしまった場合は、逆に利用されたり、相手を好きになり過ぎて感情が空回りしてしまう場合が殆どです。というのは前述のようにこのタイプの人は、愛情を掛けてもらったことがなかったり、友達がやがて離れていってしまうために、恋愛面でも孤独な思いをしている場合が多いのです。そのため好きな人が現れると、必要以上に思いが高まったり、相手に良くしたり、相手に近付こうとします。その結果、最初に盛り上がることはあっても愛情の掛け方が分からないので、その関係が長続きすることはありません。

〝長続きするカップルというのは、恋愛感情よりも友情で結ばれている〟と言いますから、やはり友達に感謝の気持ちを抱けない人が、恋愛では上手くいくという事はないのです。

バックストーリー

人間というのは不思議なもので、金品で恩恵を与えてくれる相手に対して態度が良くなるというものではありません。私の男友達は以前、失業した友人のために食事代を支払ってあげていた時代があったそうですが、その頃は相手が常に食事に遅刻したり、待ち合わせを決める連絡も間際までしてこないなど、無礼と言えるような態度だったそうです。

それで男友達が見切りをつけて食事の支払いはもちろん、連絡さえ断つようにしたところ、相手は心を入れ替えたのか、それとも彼の有難みが分かったのか、その後は食事を自分で支払い、時間にも遅れず、連絡もすぐに返してくれるようになったそうです。

金品の親切というのは、時に仇になるということなのかもしれません。

Q. 11 夫婦間交渉の攻略法

いつもためになるコラムやアドバイスをありがとうございます。

初めてキューブ・ニューヨークにアクセスしたのは未だ大学時代でした。今はもう結婚して、働く身ですが、いつも興味深い話題を提供してくださるので、長年アクセスし続けている唯一のサイトです。

私も是非秋山さんのアドバイスをいただきたくて、メールをしています。

毎年夏になると、主人の両親の別荘に滞在するのですが、主人の両親がだんだん年老いて、あまり別荘を使わなくなったので、昨年から私たち夫婦、主人の姉夫婦が滞在しない時は、身近な知り合い等に使ってもらってうことにしました。滞在した人たちは通常、帰る時にきちんと掃除をして、ゴミを捨てて、冷蔵庫の中もキレイにして出て行ってくれるので、全く問題はなかったのですが、たった1グループだけ極めてマナーが悪い人たちがいました。それが事もあろうに主人の部下達のグループだったのです。

部下達が何人でやって来てどんな風に泊まっていたのかは分かりませんが、部下達が使った1週間後に私たち夫婦と友達夫婦の4人で滞在したところ、別荘の中がとにかくタバコ臭くて、トイレのゴミ箱には使用後の生理用ナプキンが捨ててあって、私達が到着した時には悪臭を放っていました。それだけでなく冷蔵庫の中には牛乳とオレンジ・ジュースが入っていてそれが腐っていましたし、床も汚れてベタベタしていて、その時の滞在の最初の2日間は掃除で潰れてしまいました。

部下達はもちろん無料で滞在していただけでなく、洗剤やトイレットペーパーなどは使いたい放題で、他の人たちのように買い足して行ってくれることがなかったので、その後に滞在した私たちは買出しも一苦労でした。

それまで滞在した人はきちんと掃除をしてくれただけでなく、後からいろいろお礼をしてくれましたが、部下達は主人に口頭でお礼を言った程度です。もちろんお礼が欲しくて別荘を使ってもらっている訳ではないのでそんなことは構わないのですが、ホテルや貸し別荘のようにお金を払うことなく、タダで滞在したからこそ気を遣って掃除をしたり、使った生活物資を買い足して出ていくのは常識だと思うのです。ましてやそれが上司の別荘だったら尚のことではないでしょうか。

私は本当に頭に来て、自宅に戻ってから夫婦喧嘩になってしまったので、その時に主人に「もう部下には2度と別荘を使わせない」と約束してもらいました。ところが1年経ったらそんな事をすっかり忘れてしまったのか、忘れたふりをしているのか、先週になって「部下に今年も別荘を使わせて欲しいと言われた」と言いながら帰って来ました。

私は別荘の汚れた状態とその掃除の大変さが未だ鮮明な記憶として残っていましたのでもちろん大反対でしたが、主人は「でも部下達は金がないから、うちの別荘にでも泊まらない限りは旅行なんて出来ないんだよ」と同情的でした。そこで「来た時と同じ状態にして帰ってくれなければダメ」「室内は禁煙」と条件を付けたのですが、主人は滞在する人に、アレコレ指示するのは嫌だと言います。

主人は別荘の件に限らず、部下に甘すぎるところがあって、時々利用されているのでは？　と思うほど、親切にしてしまう場合があります。飲み会の会費を取らずに全員分を払ってあげたり、仕事が長引いた時の全員分の夜食を払ったりとか、気前が良すぎて、私が時々文句を言うほどです。

私の常識から考えると、上司の個人の別荘を使わせて欲しいと頼むこと自体が信じられませんし、上司に別荘を使わせてもらって、あんなに汚して帰っていくというのも信じられません。主人の部下がこの夏も滞在したら、過去の前例があるだけにその後の様子を見に行かないとどうなっているか心配ですが、そんなことをいちいちやっていたらこちらの予定が狂ってしまいますし、また夫婦喧嘩をするのが目に見えています。

それに昨年、私が散々掃除をした後でさえ主人の姉夫婦が滞在して、義姉から「タバコ臭かった」と文句を言われました。義姉は弟である主人には滅多に文句を言わないのですが、私には細かい文句を言ってくるので、夫の部下が汚して行った別荘の文句が来るのは私なのです。

どうして主人がそこまで部下に良くして私の迷惑を考えてくれないのか、とても不満に思っています。

今は「別荘の予定を調整しているから」といって部下に返事を待ってもらっているのですが、主人を説得する良いアイデアがあったら助言をいただけると嬉しいです。よろしくお願いします。

（H）

ADV

これは夫婦間の約束の問題です

ご相談いただいた内容には、幾つかの問題が共存しているように見受けられます。

まず部下に対して過度に良くしてしまうご主人、それに甘える部下たちとその常識の欠落ぶり、そこから生じた問題をご主人ではなくHさんが対処しなければならない状況、夫婦喧嘩の末に結んだ約束を守ろうとしないご主人。加えてご主人には文句を言わなくても、Hさんには文句を言ってくる義理のお姉様の事など、複数の事態が入り組んでいます。

でもここで私が一番大切だと思うと同時に、決してHさんが譲ってはいけないと思うポイントは、「ご主人が夫婦間で結んだ約束を守るべき」ということです。

ご主人が「部下には別荘を使わせない」という約束さえ守って下されば、

まずはHさんが当座直面している問題は解決します。ここで問われているのは「ご主人が部下にどう対処するか？」ではなく、「ご主人が夫婦の約束を守れるか？」という問題なのです。

夫婦喧嘩の末に結んだ約束を簡単に破るという行為をこの問題で容認してしまえば、今後もご主人と何を約束したところでそれを守ってもらえるという保証がなくなりますし、これまでにも簡単な口約束が破られたことは、何度かあるようにお察しする次第です。

ですからこれを機会に「一度結んだ約束は約束！」「守るつもりがない約束は最初から結ばない」という認識を夫婦間できっちり確立するべきなのです。そうすればHさんは今後もご主人が「約束したことだけは守ってくれる」という〝安心の砦〟〝信頼の基軸〟を築くことが出来ますから、それは夫婦双方にメリットをもたらします。ここできっちりルールを明確にするだけでなく、「今回だけ」のような例外は認めないことも同時に取り決めて、まずはそれで別荘の問題をクリアすることをお薦めします。

男性とは要点を絞ったネゴシエーションを!

Ｈさんがご主人の部下に対する接し方にも日頃から不満を持っていらっしゃることはいただいたメールから十分に理解出来ますが、男性、特に夫やボーイフレンドを相手に交渉や不平、不満を訴える場合、「この時だって、こうだった」「あの時だって、こうすべきだったのに……」とそれまで我慢していたことを、この時とばかりに訴えてしまうと、肝心な問題が全く解決しないまま、口論をするだけに終わってしまいます。

男性は本来、細かいことを気にしないように生まれていて、それが良い方向に働く事は多いのですが、それだけに交渉事や問題を話し合う際には、問題をシンプルに提示しないと、相手が本題を理解しないまま、大切なことまで一纏めにして「そんな事までいちいち構っていられない」で処理されてしまいます。

女性が夫やボーイフレンドとの問題において、時に「何を言っても聞かない」「話し合ってもダメ」という状況に陥ってしまうのは、我慢して抱えてきた不平、不満を一度に全て吐き出してしまいがちなためです。その結果、若干ストレスは解消されても、状況は以前と何も変わらず何の改善も見られないのが常ですし、同じ問題を抱えて「自分はいつも相手の尻ぬぐい」という意識や不満が、再び爆発するまで積み重なることになります。

夫婦やカップル間で抱える不平、不満について話し合う際には、問題を一つに絞ってとにかくそれだけにフォーカスして解決策を模索することはとても大切な事なのです。たとえそれに関連する問題があったとしても、それは映画の続編のように、話は続いているけれど、全く別のエピソードとして持ち出さなければなりません。

例えばHさんが別荘の使用について話し合う際に、ご主人に対して「部下に良くし過ぎる」「あの時もこんな事までしてあげた」「この時もこんな風に甘やかしていた」という指摘までして、部下への接し方を含む総合的な改善を求めたところで全く埒が明きません。人間はそんなに簡単に変われるものではありませんし、どんなに理路整然とした問題指摘でもご主人にしてみれば、Hさんに批判されていると感じるだけで、それが続けばやがてはHさんに何も言わずに今までと同じ事を続けるようになります。

それよりも、まずは別荘の件を「夫婦間の約束」を振りかざして解決して、ご主人の部下に対する過度な親切については、別の機会にHさんが最も問題だと感じる部分、例えば〝金銭的な気前の良さ〟だけにフォーカスして改善策を話し合うほうが遥かに前向きなのです。この問題の場合、Hさんとご主人の間で「毎月幾らまでが上司として払ってあげる予算内」であるかを明確にして、必ずその予算内に収めると決めるだけでご主人は自分が部下のために幾ら支払っているかを意識するようになります。自分が支払った金額とその効果をジャッジする習慣がつけば、コストパフォーマンスも把握できるはずです。

でもそれが可能になるのは「夫婦の約束は必ず守る」という土台になるポ

リシーがあればこそですので、やはりこのことをご主人との間で明確にするのが最優先課題です。

自分の主張より、相手に分かり易いポイントで攻略を

また問題や交渉は、第三者が絡む場合でも2人の問題として処理したほうが、遥かに解決し易いのが実際です。Hさんが義理のお姉様のことを書いていらっしゃいましたが、義理のお姉様がご主人よりもHさんに対してストレートに文句を言ってくるということは、Hさんご夫婦では解決できない問題です。でも「義理のお姉様とのコンタクトは、極力ご主人がする」と2人の間で決めることは出来るはずです。ご主人の部下についての問題にしても「第三者と夫婦の問題」ではなく、「夫婦間の取り決めにしたがって、ご主人が部下と向き合う問題」として扱うべきなのです。

ご主人に「部下に対してそこまでするなんて」「部下に対して気を遣います

ぎる」といった批判をしたところで、ご主人と部下の関係においてはHさんが第三者となる訳ですから、何を言おうと「余計な口出しをしている」としか思ってもらえません。

結婚生活でも、カップルの交際でも、一緒にいる時間が長くなってくると、男性が「同じ事を他人に言われると素直に聞くのに、妻やガールフレンドが言うと聞く耳を持たない」ようになってくるケースが多いようです。

そうなってしまう原因の1つは、男性が処理しきれないほどの情報量で女性が問題を指摘してしまうためで、そんな女性のアドバイスは男性の耳には単なる口うるさい文句にしか聞こえないのです。そしてそんな文句が続くうちに相手に対して最初から聞く耳を持たないという状況になってしまうのです。ですから上司でも、父親でも、友達でも、相手が男性である限りは、交渉事やアドバイスは要点を絞って、短くシンプルにすることがとても大切なのです。逆に交渉、説得の相手が女性である場合は、情報量が多ければ多いほど説得に役立つケースは少なくありません。

いずれにしても交渉事の場合は自分本位の主張を貫くのではなく、相手にとって分かり易いポイントで攻めるほうが遥かに成功率が高まります。例え夫婦間でも、「感情を抜きにしてビジネスのような攻略法で臨むほうが上手く行く」というのが私の考えです。

バックストーリー

私が尊敬するココ・シャネルの語録に〝As long as you know men are like children,you know everything!〟というものがあります。これは「男性が子供だということを理解していたら、男女間においては全てを学んだということ」という意味です。

男女関係に保守的な考えの女性ほど、「男性に守って欲しい」「男性にリードして欲しい」「男性について行きたい」という意識を強く持っていますが、実際には特に夫婦間においては、妻のほうが精神的な強さに物を言わせて男性を励ましたり、男性の至らないところを補うなどしてリードしている関係のほうが少なくありません。

私の個人的な見解では、そうなるのは男性の意識が目の前に広がる180度の視野に集中しているのに対して、女性の意識は自分の後ろに広がる180度を含めた360度に注がれているためです。女性は少なくともこれまでの時代は、男性に比べて社会的地位が低く、弱かった分、同じ年齢の男女で比較した場合、より挫折や妥協を強いられて生きていますし、根強い蔑視の思想や痴漢行為を含むセクハラなど、女性であるだけの理由で、へこまされたり、闘わなければならないことを経験しています。そのため自分の後ろに広がる180度から学んだり、強さや方向性を見出したり、起こり得るリスクを察知しますので、自然に男性より情報量が多くなりますし、物事の判断もより慎重で、リスクを回避するプロセスになります。

したがって男性のように、細かいリスクを押し切って大きな決断をするダイナミックさや、断固たる強さを押し出すリーダーシップはありませんが、既に世の中では男性が〝お山の大将〟的なリーダーシップで仕切れる時代は終わっています。男性の知恵や視点だけでは賢い女性パートナーの知恵を取り入れる男性には決して勝てません。したがって男性のサクセスには、そんな知恵を男性が聞く耳を持てる形で授けられる妻、愛人、女友達の存在が不可欠というのが私の意見です。

Q.12 結婚したいと思わない年下の彼との同棲

SHOULD I LET HIM MOVE IN?

30代後半に差し掛かる読者です。8歳年下のボーイフレンドと1年半ほど付き合っています。

私は都心に1人暮らしをしていて、彼は都心から1時間以上の両親の家に住んでいます。週に平均で3回ほど彼に会いますが週末を含め、彼が泊まっていくことが殆どです。それだけでなく彼が友達と飲んでいて終電を逃した時も、友達のところに転がり込めない場合は私のところに泊まりに来ます。

私のほうがずっと収入が多いので、デートは私が払うことが多く、時々安い店で彼が払うことがある程度です。映画を観に行く場合には彼が映画のチケットを払って、私がその後の食事を払う感じです。でも私が彼より年上なこともあって、彼は私がデートの食事代を払うことはあまり気に掛けていないと思います。

はっきり言って、私は彼と結婚する気は全くありません。経済的に頼りないからです。付き合っているのはやっぱり好きだし、若くて可愛い男の子と一緒に時間を過ごすことが、自分の女性としてのプライドを満たしてくれるという理由からだと思います。それと同じ年齢の男性より時間に自由があるので、週末に小旅行に行ったり、楽しくやっているのです。

結婚する気がないのは彼も一緒で、彼が32歳になったら私は40歳ですから、お互いに先のことは考えていません。

でも先日、私が仕事で帰りが遅くなった時に彼が泊まりに来たいということになって、私が帰宅する夜中まで彼が何時間も潰す羽目になりました。それがきっかけで彼が「そろそろ鍵をくれても……」と言い出しました。確かにそうすれば私も彼を待たせていると思って、イライラしながら仕事をする必要もなかった訳です。

ですが彼が鍵を持ったら、「一緒に住んでいるも同然なほど、私の家に入りびたるのでは？」と言ったのがきっかけで、彼が一緒に住むことを提案し始めました。もちろん一緒に住むというのは、彼が私の家に住み始めるということです。「1人で暮らすのも、2人で暮らすのも生活費はさほど変わらないし、一緒に住み始めたら、今実家に入れているお金を家賃として払う」と彼は言います。家賃は別として、確かに彼と一緒に暮らすメリットが私にもあるのです。

でも一緒にいると私が年上なせいで、どうしても彼の面倒を見る立場になってしまいます。それに今は家賃を払うと約束していても、本当に払うかは分かりません。彼はお金にルーズではないのですが、払いを私に押し付けて逃げてしまうのが上手いのです。今まで私は彼を金銭的に随分甘やかしてきましたが、今後それを家賃でもやられたら頭に来るように思います。

そこで秋山さんにアドバイスをいただきたいのは、もし彼と一緒に住む場合、どうやったらお互いに公平に生活費や家賃を分けることが出来るでしょうか。彼のほうが稼ぎがずっと少ないだけに、半分ずつにするというのは無理な感じです。それ以前に、私は彼と一緒に住むべきなんでしょうか。このところ彼と会うとその話ばかりで、先方は一緒に住むつもりでいるようです。私は実家を出て1人暮らしをしてきましたが、誰かと一緒に暮らした経験はないので、ちょっと不安です。

最初に彼が一緒に暮らす話を持ち出した時は「まさか」と思いましたが、最近は彼に説得されているせいか、「既に週に3〜4日は彼が来ているのだから、一緒に暮らしても……」とも思えてきました。彼はそんなに荷物が多いタイプではないので、家が手狭になることは心配していません。心配なのは、知らず知らずのうちに家賃の払いや、彼の世話など、彼のペースで物事が進んでしまうことです。アドバイスをいただけると大変助かります。

（E）

同棲が意味するのは〝デートの終焉〟です

メールを拝見した限りでは、彼と一緒に住み始めることは彼の側には明らかなメリットが幾つもありますが、正直なところEさん側のメリットというのが私には分かりませんでした。

たとえ彼が既に週に平均3日、Eさん宅で過ごしていたとしても、それが週7日になって、寝ても覚めても相手がいるという状況は全く異なります。特にEさんのように、相手の面倒を見る立場になっている場合、自分では意識していなくても、相手がいない残りの週4日で、かなり息抜きをしている場合が多いのです。

またEさんはお仕事で多忙な様子ですが、だからこそ仕事から離れた時に、若くてルックスが良くて、時間に融通が利くボーイフレンドというのは、ストレス解消や、ご自身が指摘されていたような女性としてのプライドを保つのにとても役立ってくれる存在だと思います。そしてそれがEさんにとってたとえデート代を支払うことが多くても、彼と交際を続けるメリットなのだと思います。

でも彼と一緒に暮らすようになれば、これまで楽しかった彼との時間の意味合いが大きく変わってくることが見込まれます。

カップルは一緒に暮らし始めると、徐々にデートというものが不必要になってきます。今までは、週に2〜3回のデートの後に彼がEさんの家に泊まっていく、もしくは彼が終電を逃した時にやってくるという感じだったかと思いますが、彼と一緒に住み始めれば、それまでのデートが単なる週1〜2回の外食になるケースは少なくありませんし、寒い季節や雨の日はわざわざ出掛けなくなります。またデートの内容も張り切って企画をしなくなる分、そのエンターテイメント性が衰えます。

その一方で、仕事で疲れて家に戻ったEさんを毎日待ち受けているのが「面倒を見る対象＝仕事」である彼です。人間というのは、相手の面倒を見る関係になってしまうと、どんなにやらないように心掛けても、結果的には相手のために何かをし続けることになってしまうのです。それは、「彼のペースで物事が進んでいる」と自覚されているEさんであれば、強く感じていることと思います。

彼が床に置きっぱなしにした物を片付けたり、彼がシンクに残して行ったグラスやマグカップをディッシュ・ウォッシャーに入れたりと、別々に暮らしていて、彼が泊まりに来た時にはさほど苦にならずにやっていたことが、徐々にEさんの不満やフラストレーションの原因になっていきます。

大切なのはギブ&テイクのバランス

さらに「1人で暮らすのも、2人で暮らすのも生活費ではさほど変わらない」というのは、頭で描いているだけの計算です。

確かに同じ程度の生活費の人間が2人で暮らした場合は、1人分の2倍の生活費より安くなりますが「1人でも2人でも、さほど変わらない」という計算が成り立つのは、女性が男性の家に転がり込んだ場合の話です。その逆は食費からガス光熱費含む生活費が、女性の1人暮らしより明らかにアップして、2倍以上になるケースも珍しくありません。

加えてEさんのように、相手の面倒を見る立場になっている女性が、ボーイフレンドと一緒に住み始めて一番こぼす傾向にあるのは、「洗濯物が増えた」「掃除の頻度が増えた」ということです。例えランドリー・バスケットを分けたとしても、自分の洗濯のついでに相手のバスケットに溜まった洗濯物を洗ってあげるうちに、女性側が2人分のランドリーをするようになるケースは珍しくありません。ボーイフレンドが料理をしてくれたとしても、彼が汚したキッチンの掃除は女性側の仕事になるケースが殆どです。

掃除にしても自分と相手の〝清潔のレベル〟が異なると、レベルの高いほうが相手の分も掃除をするようになります。相手は自分が耐えられない汚さで平気な訳ですから、きちんと清潔に生活する側は自分1人だったらあり得ない時間とエネルギーを掃除や片づけに費やすことになります。

とは言ってもカップルのうちの収入が多い側が、生活費の全て、もしくは殆どを負担して、その代わりに相手の家事や片づけの恩恵を受けているのであれば、一緒に暮らす上でのバランスは取れているのです。

でもEさんの場合、家賃を含めた生活費を殆ど負担し、相手の面倒まで見ることになる訳ですから、私の目からは彼にとっては良い事だらけでも、Eさんにとっては果たして何のメリットがあるのか、正直なところ分からない状況です。

目先の損得で人間関係を判断するのは良くないですが、男女間でも、友達関係でも、ギブ&テイクのバランスが取れていることは、長く良好な関係を保つ上で大切なことです。精神的なメリットでも、経済的なメリットでも、自分が相手に与えているものと、相手が自分に与えてくれているもののバランスが取れていれば人間というものは、長きに渡ってストレスを感じることなく良好な関係を続けることが出来るのです。

Ｅさんと彼の関係は、お互いを将来の相手とは見なしていないことからも明らかなように、〝いずれは別れる間柄〟です。そんなお二人の仲は現在のお互いの都合によって成り立っているのです。Ｅさんにとっては、仕事のストレスを発散させてくれる時間に融通が利く若いボーイフレンドが現在の生活に都合が良く、彼にとってはデート代を払って自分の面倒を見てくれて、都心にアパートがあるＥさんが現在の彼にとって好都合なのです。ですが男女の違い、年齢の違い、お互いのメリットの格差を思えば、それがバランスが取れた関係を意味する訳ではないことは明白です。

加えてこの先、Ｅさんが真剣に経済的に安定した男性との交際や結婚を望んでいるのでしたら、身軽にしておくほうが賢明なのは言うまでもありません。そもそも家に帰れば彼がいる状態では、将来を考えられるような男性との出会いを模索する気持ちや機会が激減してしまいます。

都合優先の交際より自分に相応しい相手を

ニューヨークはレントが非常に高い街ですが、それでも自分のアパートをキープしながら交際相手のアパートで暮らしているというケースは少なくありません。

喧嘩したり、1人になりたい時に、行く場所があるほうがかえって関係がスムースに行くと考えている例もあれば、ニューヨークではアパート探しが本当に大変なので、何かが起こった場合に自分の場所を確保しておくことが大切と考える人もいます。さらには、交際相手のクローゼット・スペースが狭すぎて、自分の持ち物が全て収納できないという理由から、自らのアパートをキープしている場合もあります。

私の友人の指摘に「35歳を過ぎても独身でいる人は、1人でいる時間が大切な人」というものがありましたが、私が知る限り35歳以上のシングルでこれを否定した人は未だ1人もいません。もしEさんも「1人でいる時間が大切なタイプ」でしたら、そんな1人で落ち着く大切な時間を削ってまで一緒に暮らす相手は、将来を真剣に考えられる相手であるべきです。

Eさんが将来を真剣に考えるお相手はEさんが尽くした分、何らかの見返りが得られるという前述のギブ&テイクが成り立つ関係であるべきで、自分の持ち出しが大きい相手とは最終的には不満とストレスで破たんします。20代の数年間だったら、相手に尽くすだけで幸せと思える時期があるかも知れませんが、それを一生幸せに続けられる女性というのはまず存在しません。

したがってどんなに説得されても彼と〝一緒に暮らす〟というレベルには、簡単に踏み切るべきではありませんし、それに繫がる〝鍵を渡す〟という行為もこの関係においては私は賛成できません。メールの中でEさんと彼が一緒に住む案が出た経緯の説明がありましたが、私の目からはそのプロセスは彼が自分の都合をEさんに押し付けているようにしか映りません。彼は泊まるところがあるだけでラッキーと思うべきところを、仕事をしているEさんの帰りを時間を潰して待たなければならないという不便を訴えているのですから、Eさんの親切や有り難味を当たり前として捉えているのです。

これからも彼がどんどんEさんを都合良く利用する可能性は、鍵を渡すという話が、一緒に住むという話に発展したことからも明らかです。Eさんがそんなペースにずるずると巻き込まれる習性を改めない限りは、今後どんな男性が現れてもEさんが一方的に尽くすだけで、長期的な幸せとは無縁な交際になってしまいます。

Eさんは聡明で、親切で、責任感もある方なのですから、ご自分に相応しい愛情や心配りをフィードバックしてくれる男性を見つけて、無理や都合が絡まない恋愛や交際をすべきなのです。そしてそれが幸せな関係であることを、これを機会に悟る必要があると思います。

バックストーリー

私の知るニューヨークの女性が失業し、貯金も使い果たしてどうしようもなくなった時に、ある男性のアパートに転がり込みました。このニュースを聞いて、双方を知る友人の間では驚きのリアクションと共に、女性側が男性を利用しているのは織り込み済みの事実でした。でも女性が仕事を見つけて経済力を持ち直すまで、２人は驚くほど良好な関係を続けました。

男性側は「経済的な事情でもない限りは、自分が彼女に相手にされない」ことを理解していましたし、養っているという経済面の優位から、彼女と対等な気持ちで付き合うことが出来たようでした。女性側は経済的な事情で妥協した関係でしたが、生活の面倒を見てくれる彼の優しさには感謝して、掃除や料理など、家の中のことはかなりやっていたそうで、それでバランスが取れていたのです。

やがて女性が仕事を見つけて、アパートを出てからも2人は友達関係を続けましたし、男性側は彼女と暮らした経験で女性に対する自信がついたのか、程なくガールフレンドが出来て結婚しました。

2人が一緒に住み始めた当初の周囲のリアクションは、「女性側がしたたか、男性側が利用されて気の毒」というものでしたが、実際にはギブ&テイクのバランスが取れた、双方にメリットのある関係だったのです。そしてそういう関係であれば、人生に何らかのプラス要素をもたらすものなのだと思います。

Q.13 離婚のリアクションとの闘い

AFTER MATH OF DIVORCE

いつも、サイトを楽しく拝見しています。

ずっと、ご相談のメールを出すか否か迷っていたのですが、思い切って出すことにしました。お答えをいただけると嬉しいです。

実は今年に入って離婚しました。離婚の理由はいろいろあるのですが、やはり最初から結婚が間違いだったという感じで、今から思うとどうして結婚してしまったのか、自分でも分からない感じです。

当時はキャリアもなく、自分に自信もなくて、結婚するのが当たり前のような感じに思えていましたが、元夫と7年暮らすうちに、本当に生活が苦痛で、無理になってしまいました。お互い、浮気などしていません。

離婚は昨年の秋頃から話し合うようになって、離婚が決まってからのほうが、むしろ元夫との仲は上手くいくようになりました。年末年始は親族の集まりなどがあるので、1月末まで待って離婚しましたが、その前から別居をし始めて、引越しなど全てがスムースに行って、心に傷がないと言えばウソになりますが平穏な離婚をしたと思っています。

でも周囲は、離婚というとかなりの事があったかのように受け止めるので、数人の友達に話したところ、あっという間に広まってしまいました。

それは別に構わないのですが、私が頻繁に会わなければならない友達の1人が私の離婚の話を頻繁に持ち出してきては「早く別の人を見つけないと、老後が心配じゃない?」とか、「これからずっと1人で生きていくつもりなの?」とか、「離婚する勇気があるっていうのはすごい事よ。私は先のことを考えたら、ちょっとくらい不満があっても今の旦那で取りあえず我慢するっていう感じ」などと言って、私の将来に不安を抱かせるようなことを言います。

私は離婚したばかりなので、別の人を探す気になんてなれませんし、仕事をしていますし、持ち家に住んでいるので今から老後の心配はしていません。だからと言って、友達にこんなことを言われ続けるのも嫌なのです。私が言い返したりすれば相手の思う壺になると思うので我慢しているのですが、それがストレスになっています。

離婚の多いアメリカでは、こんなことを言われた人はどう対応しているのでしょう。それと何か、秋山さん流の発想の転換方法などがあったら教えていただけると嬉しいです。よろしくお願いします。

（S）

ADV

結婚というステータスは、老後の保険ではありません

先日、アメリカの有名コメディアンが語っていたジョークに、「既婚のカップルが、自分の結婚を最も幸せだと思う瞬間は、他のカップルの離婚話を聞いている時」というものがありました。確かに他のカップルの離婚話を聞いて「自分達は、そんな風にならずに上手くやっている」というような、何らかの優越感を抱いたり、自分の結婚に対する有り難味を実感するケースは少なくないようです。

でもSさんのお友達のように、将来の不安を煽るようなことを言ってくるというのは、まず第一にお友達が〝老後の実態〟というのを未だ深く理解していないからだと思います。

結婚というステータスは、老後の保険ではありません。相手が交通事故や心筋梗塞で突然先立つかもしれませんし、別の相手に走るかもしれません。

またアメリカでよく危惧されるのは、夫婦のうちの1人が先に病気になって、老後の蓄えが医療保険でカバーされない治療費に食い潰されて、伴侶が死去した際には、残った側が年金だけでは暮らしていけずに破産というシナリオです。

そのため50代になって再婚した私の知人は「健康で、本当に思いやりがあって、自分の事を自分で出来る相手でなければ、結婚していたところで、全く老後の頼りになんてならない」とはっきり言います。

不安を煽る人こそがその不安に憶病な人です

「1人で、老後を過ごすなんて心配じゃない？」などと、不安を煽るようなことを言ってくる人というのは、往々にして「老後を1人で過ごすのが心配でたまらない」という人で、ご本人も言っていた通り、「年をとって1人で生きていくことを思ったら、離婚しないで我慢する」という程度の結婚生活を送っているものです。また「離婚して生活に困らないの？」などと言ってくる人がいたとしたら、その人は離婚したら生活していけない人なのです。

要するに人間というのは自分が最も恐れていることで、相手を威嚇する生き物なのです。自分が恐れるものを他人も同じように恐れるだろうと考えて、「自分はしっかりその対策を立てているから大丈夫」と思い込んでいる人ほど、見下し目線で威嚇してくるケースは頻繁に見られます。これは相手を威嚇して、追い詰めたいというよりも、優越感を感じたいと思ってやっている場合が殆どですが、それは同時に自分が恐れていることを露呈する行為でもあります。

ですから今後Sさんが、お友達に将来の不安について脅すようなことを言われた場合、それがお友達が最も恐れている事なのだと思って、じっくり観察することをお薦めします。会話というのは一歩引いて、相手が何故そんな事を言ってくるのかを考えてみると、相手の弱さや虚栄心が見えてきますし、相手が置かれている状況が自分で言うほど幸せだったり、恵まれている訳ではないことが分かってくるケースが多いのです。

幸せな人は挑発的なことや、人の不安を煽るようなことは言わないものなのですし、会話をしていて楽しい存在です。

私は、〝リベンジ〟という言葉は決して好きではありませんが、もし不安を煽るような事を言ってくるお友達に対して反発する気持ちがあるのでしたら、嫌がらせのコメントなどは全く無視して、幸せそうに朗らかに活き活きと振舞うことが一番のリベンジです。

周囲にしても聞き流しているようなふりをしていても、そんな様子をよく観察していますから、Sさんがお友達の不安を煽る言葉に全く動じずに明るく振舞っていたら「離婚して良かった」と思ってくれるはずです。またそんな幸せそうなSさんに、嫌がらせめいたことを言うお友達に対しては、「自分の結婚が不幸なので、離婚したSさんをひがんでいるだけ」という目で見るようになります。

最後に、幸せというものは外観に如実に現れるものなので、Sさんがその魅力にますます磨きを掛けることも、失礼なお友達へのリベンジになるはずです。

バックストーリー

アメリカでは、離婚した女性が真っ先に取り組むのがメイクオーバーです。ダイエットをしたり、メイクやヘアを変えたり、スキンケアにお金を掛けたり、ボトックス注射を打ったりと、まず外観を向上させようとする傾向にあります。このため買い物客のデータを逐一分析しているアメリカの大手小売業者は、その購買パターンから女性消費者の離婚時期が分かるとさえ言われています。

離婚した女性達が小売業者のデータに顕著に現れるほど外観にお金を遣い始めるのは、新しいロマンスを模索する目的もあるかもしれませんが、ルックスを向上させることによって新しい幸せな自分をアピールするためであり、自分の弱さを見せないためでもあります。事実、外観のメイクオーバーは人生のメイクオーバーに繋がるというデータがありますので、離婚した女性だけでなく、人生に転機をもたらしたい女性はメイクオーバーに取り組む価値があると思います。

Q.14 食べ物の好き嫌いの多さで嫌われました

PICKY EATER = TURN OFF?

秋山様、

もう何年も、CUBE New Yorkを愛読して、ショッピングもさせていただいています。私もご相談させていただきたいことがあってメールを差し上げました。

少し前に彼氏の両親宅の新築祝いがあって招待されました。大きめのホーム・パーティーという感じだったのですが、お料理は彼のお母様とお姉様が作ったようで、大皿で何品もテーブルの上に乗っていました。

でも私は食べられない物がとても多いのです。別にアレルギーという訳ではないのですが、子供の頃から苦手な食べ物が多くて、どうしても食べられません。そんな私に彼の家族が気を遣って、鶏肉のから揚げを勧めてくれたりするので「私、鶏肉がダメなんです」といってお断りして、お刺身のマリネを勧められた時も「生のお魚って、気持ち悪くて食べられないんです」と説明したのですが、そうやって殆どお料理に手をつけなかったのであまりご家族に良い印象を与えなかったようでした。

私は痩せてはいますが、拒食症のようなガリガリではないので、別に過激なダイエットをしている訳ではないのは彼氏の家族も理解していると思うのです。でもその時の彼の家族のリアクションがきっかけで、食べなくても物を食べているふりをしたほうが良いのかと思い始めました。それで彼と一緒にちょっとしたフォーマルなディナーに出席した時に、決められたコースのお料理をいただくイベントだったので、食べられる物がなくても食べているふりをしようと思って、お皿の上のお料理を真ん中に寄せて量が減っているように見せようとしたのですが、それが裏目に出てしまいました。

私のその様子を食べ物を持て余しているように思ったディナーの主賓である年配の男性が、突然大声で「食べないなら最初から料理に手をつけずに、食べられませんと言いなさい。貴方は育ちが悪い」と、かなりキツイ口調で私に注意をしてきたのです。物凄くショックで、顔から火が出るほど恥ずかしく思って、私は下を向いたまま顔が上げられませんでした。

ディナーが終わってくれるのだけを待ち望んで彼と帰って来ましたが、同情してくれると思っていた彼にも「正式なディナーなんだから、食べ物をお皿の上でいじくっているだけの態度はみっともない」と言われて、それ以来だんだん彼との間がギクシャクしてきてしまいました。

私は以前も初めてのデートの時に、パスタの中に入っていたオリーブを避けて食べていたら、男性に「そういうチマチマした食べ方をする人と食事をしても、美味しくない」と言われて、ふられてしまったことがあります。

でも世の中にはヴィーガンとか、特別な食事法をするために物を食べない人は多いですから、食べられない物を避けたり、食べなかったりするのがどうしてそんなにいけないことなのか、私には全くわかりません。

私の友達は、私が好き嫌いが多いのを知っているので、全く気にしませんが、新しい人に会う時は、デザートとか軽食にしないと、食べない物が多いので困っています。

どうしたら人から誤解をされたり、反感を買ったり、その場の雰囲気を壊したりせずに、私の偏食を理解してもらえるでしょうか。お知恵を拝借できると嬉しいです。

（E）

ADV.

問題は食材の好き嫌いではなく、食事が楽しめない姿勢です

食べるということは多くの人々にとって楽しいことですし、社交のメイン・イベントですから、食べられない物が多い場合、社交に影響するのは避けられない状況だと思います。

私の知人にも極端に偏食の人がいますが、お料理をシェアするようなレストランに一緒に出掛けると、料理の選択でディナーの参加者が非常に気を遣うことになるので、そういうケースでは誘うのを躊躇してしまいます。また私がヨガ・クラスで知り合った友達は、ヴィーガンを1年半続けたそうですが、当時はまだヴィーガン・レストランが少なかったので、「社交ライフに影響する」という理由からヴェジタリアンに戻したと言っていました。

いただいたメールからはEさんが、「何なら食べられて、何が食べられな

いのか？」」は分かりませんでしたが、確実に感じられるのは、Eさんが社交の場での〝食べる〟という行為において、周囲にネガティブな印象を与えることを心配しているだけでなく、〝食べ物〟や〝食べる〟という行為にもネガティブな感情を抱いていらっしゃるということです。ボーイフレンドのご家族が作ったお料理を勧められて「私、鶏肉がダメなんです」「生のお魚って、気持ち悪くて、食べられないんです」とお断りされたとのことでしたが、そのお断りの仕方にもEさんの食べ物に対するネガティブな心理が現れているように思います。

私も揚げ物は食べない主義なので、チキンのから揚げを勧められたらお断りすると思いますが、「揚げ物を食べない主義」とはっきり説明するのは、親しい間柄の友達のみです。彼氏のご家族のように初対面で特に親しい関係でない場合は「ありがとうございます」と、勧めていただいたご好意にだけ感謝してご遠慮する、もしくはお料理に手をつけなくても「美味しくいただいています」等とお応えするのが通常です。

「私、鶏肉がダメなんです」というのは、Eさんの状況を真面目かつ正直に説明した結果だと思いますが、それらのお料理を新築祝のゲストにお出ししている彼のご家族は良い気分はしなかったはずです。Eさんの場合、好き嫌いが多くて、食べられない物が多いということを、後ろめたく感じているので、その事情を説明して相手の理解を得ようとしているのだとお察しします。ですが実際には物を食べないことを後ろめたく感じる必要はありませんし、理由を尋ねられた場合は別として、それを詳しく説明する必要もないのです。

人には好き嫌いが全くなくても、体調が悪かったり、お腹が一杯だったりして食べられないケースは多々ありますし、特定の食材にアレルギーを持つ人も少なくありません。ですので物を食べないことが原因で、周囲から顰蹙を買うことなどないのです。

ボーイフレンドのご家族が、あまり好印象を抱いて下さらなかったのは、Eさんがお料理に手をつけなかったからではなく、お料理を勧められた時の

Eさんの言い訳が、ネガティブで、考えようによっては失礼であったためです。

フォーマルなディナーでのエピソードにしても、Eさんがお料理をお皿の真ん中に寄せて食べているふりをしていらしたのは、物を食べない、食べられない後ろめたさからのこととお察ししています。しかしながらその意図がどうであれ、周囲からは食べ物を持て余しているようにしか見えないのです。

恐らくそれを見ていらした主賓の年配の男性は、食べ物が幾らでもある高度成長時代の前に育った世代、もしくは食糧事情の悪さを経験した親に育てられた世代だと思われますので、尚のことEさんが食事を食べずに持て余す様子を不愉快に感じて注意をされたのだと思います。

毎日の食生活は〝自己愛〟の一貫です

まず私がEさんにご提案するのは物を食べない、食べられない後ろめたさを払拭することです。

「人より好き嫌いが多い」「人より食べられない物が多い」ことは、犯罪でも、不道徳でもないのですから、それを後ろめたく感じて言い訳をしたり、周囲の目を気にして食べているふりをする必要などないのです。

それと同時に、食べるという行為に対して、もっとポジティブな姿勢を持つべきです。誰にとっても「食べる」というのは、生活の中の楽しいイベントです。それを人から反感を買ったり、誤解を受けるかもしれないイベントと捉えてビクビクしていたら、食事を楽しもうと思っている人にとってEさんはそれだけで好ましいとは言えない存在になってしまいます。美味しい食べ物を一緒にシェアして、その幸福感や満足感を一緒に味わえるのが一番ですが、たとえ食べ物がシェアできなくも、その場で楽しい雰囲気をシェアすることは出来るはずです。

それと、もしEさんの食べ物の好き嫌いが食わず嫌い、もしくは子供の頃に食べて嫌いになったという状況から来ているのであれば、そういった思い込みや偏見を取り去って、今一度味わってみることをお薦めします。

人間の食の好みというのは頻繁に変わります。子供の頃の味覚と大人になってからの味覚も異なります。最初に食べた時にさほど美味しいと思わなかったものを、ある日突然夢中に食べ始める人は少なくありません。

したがって嫌いだと思い込んでいる食べ物が、久々に味わった途端に好物に変わってても不思議ではないのです。そもそも食べ物というのは毎日の栄養源ですから、好き嫌いが少なければ少ないほど、多種多様な栄養素を摂取することが出来ますし、それをバランス良く摂ることによって、健康や老化のスローダウンといった恩恵が得られるのは言うまでもありません。

人間は精神さえしっかり安定していれば、自分の身体が欲している栄養素を含む食べ物が食べたくなったり、美味しいと感じられて、その摂取が自然に促されるようにデザインされています。逆に偏食は、偏った精神状態を生み出すといっても過言ではありません。

ですからEさんには「今の自分の味覚にどんなフードがアピールする

か？」「栄養という見地から自分の身体にどんな食べ物が必要か？」にフォーカスしながら、食生活を今一度見直してみることを強くお薦めします。

毎日の食生活は〝自己愛〟の一貫ですので、自分の心と身体にしっかりと気を配る人は、おのずとそのように食事をするようになるというのが私の考えです。

バックストーリー

人間はどの食べ物を好むかよりも、どの食べ物を苦手とするかにその人間性や成長過程が現れると言われます。

セレブリティの嫌いな食べ物を例に挙げると、プリンスはマッシュルーム、フェタチーズ、玉ねぎが嫌い、ブリトニー・スピアーズはミートローフが嫌い。シューズで有名なマノロ・ブラニクはワインとヴィネガーを嫌い、テイラー・スウィフトはどんなに努力してもスシが好きになれないとのこと。ジョージ・W・ブッシュ大統領の父親である、ジョージ・H・ブッシュ元大統領はブロッコリーを嫌悪し、食通で知られるジョン・トラヴォルタはニンニクを拒絶。エルヴィス・プレスリーは魚とその匂いが大嫌いであったそうで、ジェニファー・アニストン、ナオミ・ワッツはキャビアを決して食べないと言われます。

こうした特定の食べ物を嫌う精神状態は〝ガルシア・エフェクト〟と呼ばれ、そのネーミングは症状の発見者であるジョン・ガルシアに由来しています。ガルシア・エフェクトには、食べ物による身体のリアクションで嫌いになるケースと、「見た目が気持ち悪い」など精神的な嫌悪感で嫌いになるケースが含まれます。また身体のリアクションについては、消化器官が受け付けないというケースもあれば、食べ物自体が傷んでいたために起こった腹痛や嘔吐なども含まれます。

アメリカ社会においてはどんなに嫌っても理解を示してもらえる食材が2つあって、それはビーツとコリアンダー（＝シラントロ、パクチー、シャンツァイ）です。アインシュタインはビーツを嫌った著名人の1人ですが、私はビーツは抗酸化作用が強い野菜の筆頭なので、肌の健康のためにも好んで食べています。

でもコリアンダーはフレーバーとして少量だけ用いられるケースは問題ありませんが、コリアンダーのサラダを食べるのは、頭に銃でも突き付けられない限りは私には不可能です。そう語ると「どうして？」という人と、「私も！」と賛同する人のリアクションが両極端に分かれる様子に気付きますが、これまでの私の人生でコリアンダーほど好き嫌いの談義の対象になった食材はありません。私を含む〝苦手派〟が毛嫌いする風味を、「その味が美味しい！」と〝好物派〟が熱心に語るという点で、コリアンダーは私にとってトランプ大統領のような食材になっています。

E 74 St
J.G. MELON
Melon's
Melon's

Q.15 稚拙なカルチャー・オフェンシブ

IT'S CULTURE OFFENSIVE!

いつも秋山さんのコラムやこのコーナーをとても楽しみにしています。アメリカに暮らしていて、家族や親しい友達と離れているので、今は相談事が出来る人が殆どいないのですが、このコーナーを読むたびに、秋山さんのアドバイスがまるで自分に言われているような気持ちになることが多くて、とても役に立っています。ありがとうございます。

実は私にも頻繁に不愉快な思いをする問題があって、ご相談したいと思ってメールをしました。

職場のある男性が私が日本人ということで、ユーモアのつもりなのかもしれませんが、日本のカルチャーをおちょくったような事を言ったり、したりします。

　彼と一緒に仕事をするようになって2年近くが経過しますが、未だに私の顔を見ると、挨拶代わりに「Hey，〇〇〇（私の名前）、ハーラキーリ！」と言いながら、お腹に刀を差すようなジェスチャーをします。ランチタイムにサンドウィッチを食べていれば、「You're Japanese，Eat Sushi！」等とからかって来ますし、私のデスクの傍にやってきて、棒を振り回して「I am a Samurai」などと言います。これを今まで何度繰り返してきたか分かりません。最初はお愛想で笑ってあげていましたが、今では「この人は、本当に馬鹿なんじゃないか」とさえ思うようになりました。

　同じ職場のスタッフなので、あまりキツイ事を言いたくありませんが、もう2年も続いているのでウンザリです。ただでさえ日本人としてアメリカに暮らしていると、例えばパーティーで初対面の人に会うと、未だに「メモアール・オブ・ゲイシャ」の本のことを訊かれたり、「アイ・ラブ・ジャパニーズ・フード」などと言われて、日本人だと思うとこの程度の会話しかしてくれないのかと思って情けなくなることも少なくありません。

それは仕方ないとしても、職場で毎日「ハーラキーリ!」と言われたり、手を合わせる合掌のポーズでお辞儀をされたりするのは、気が滅入ってしまいます。でも先方に悪気がないのは分かっていますし、人種差別的な言動という訳でもないので、どういうリアクションを示したら良いのかが分からなくて困っています。

秋山さんはニューヨークに長く暮らしていらっしゃるので、もしこういう経験をしていらしたら、どんな風に対処したら良いかを教えていただけると嬉しいです。

よろしくお願いします。これからもお身体に気を付けて頑張って下さい。

(M)

ADV

これは人と接する努力の空回りの姿です

Mさんがおっしゃる通り、職場の男性は全く悪気はないものと思います。その男性を良く観察してみたらきっと他の人に対しても、毎日同じように自分では面白いと思っている挨拶や接し方を繰り返しているはずです。周囲にこうしたワンパターンの接し方をするのは、精神的に稚拙な部分がある男性に多い傾向です。

女性は古代から先天的に言葉によるコミュニケーションに長けているせいか、私の経験ではMさんの職場の男性のような振る舞いをする女性には出会ったことはありません。

こうした男性は基本的に社交、特に会話が下手で、人に対する接し方のバラエティを持っていないのです。本人が社交上手でないことを自覚している場合も少なくありませんが、それでいて「相手に好かれたい」という気持ちが強いのでユーモアを使おうとします。とは言っても気が利いたユーモアを相手やオケージョンに合わせて使い分けることが出来ないので、外観やバックグラウンドなど、簡単にピックアップできる相手の特徴をネタにしますし、自分が面白いと思うジョーク、一度でもウケが良かったジョークは、周囲がウンザリするまで言い続ける傾向にあります。

このタイプの人々が往々にして社交が下手なのは、自分のウケ狙いばかりを実践して人のリアクションに気を配っていないためで、コミュニケーションが双方向だということを忘れている、もしくは理解していないのです。なので周囲が自分のワンパターンの言動にウンザリしたり、「またか！」と思っていることには気付いていませんし、まともな会話をしようとしても話題に乏しかったり、話し上手でも聞き上手でもないので、よほど気心が知れている相手でない限りは、長い会話が出来ない人が殆どです。要するにコミュニケーション力が身につかないまま、大人になってしまったのがこうした人々なのです。

その行動の根底にあるのは、幼い子供同様に「自分に関心を払って欲しい」「自分を受け入れてもらいたい」という意識ですし、精神的に未熟な部分を残しているだけに、その無神経と思われがちな言動とは裏腹に性格的には傷つき易く、人に言われたことを気にする傾向にあります。

したがって不愉快な思いをしたからと言って、キツイ言葉で批難してしまった場合、それを相手がずっと引きずって、かえってMさんが気まずい思いや後悔をする様子は目に見えています。

母国の侮辱には毅然とした不快感の表明を

こうした相手に対しては、幼い子供に接するのと同じように穏やかな口調で、Mさんがその男性のユーモアと思しき言動や態度で、不愉快な思いをしてきたかを批難するのではなく、一度明確に言って聞かせるべきなのです。

このタイプは前述のように社交に疎いので、人に言われない限りは、自分から悟ってコミュニケーションのアプローチや言動を改めることは殆どありません。相手を避けることで解決しようとすれば、本人は避けられている理由が分からないだけに、さらに関心を引こうとして不愉快なユーモアがエスカレートするかもしれません。

多人種が共存するアメリカ社会に暮らしていると、どういったことが特定の人種やカルチャーに失礼に当たるかに敏感になって、〝Racist／レイシスト（人種差別主義者）〟扱いをされないためにも、誰もが人種とカルチャーについての言動に非常に気をつけるようになるものです。特にソーシャル・メディアが普及してからは、世の中全体が人種や国民性についての発言に対して、厳しいモラル・スタンダードを問うようになって来ました。

その意味では、問題の男性のようにMさんが日本人であるということを事あるごとに持ち出してくるという行為自体も、言動の内容に関わらず、日本人を差別した人種的嫌がらせに値すると判断されるものなのです。人種やカルチャーに関する言動や行為は、それをする側に悪意や人種差別意識がなくても、言動を聞いた側、行為をされた側が不愉快な思いやネガティブな意味合いを感じた場合に〝オフェンシブ（無礼、侮辱的）〟と見なされます。多くのセレブリティや政治家が、不用意で配慮のないコメントやツイートで謝罪をしたり、イメージダウンを招く羽目になっているのは周知の事実ですので、そんな人種差別主義者に見なされないための忠告として、職場の男性に彼の態度や言動の不適切さを説明してあげることは抗議ではなく、むしろ親切だと思います。

ご相談いただいたことで、Mさん側に1つ問題があるとすれば、それは職場の男性の行為を2年近く我慢してしまったことです。日本人は自分の国やカルチャーをからかうようなジョークを笑って受け流してしまうところがありますが、もしそれが母国の侮辱と受け取れる場合には毅然とした不快感の表明をすべきなのです。母国とそのカルチャーに誇りを持っているならば、尚のことそうすべきなのです。

2~3回ならばおふざけで程度で見逃してあげても構いませんが、それが繰り返し続いてMさんも不愉快な思いをしてきた訳ですから、2年近くが経過して「何を今さら……」と思われるようなタイミングになる前に、もっと早い時点で相手に不快感を伝えるべきだったように思います。

それとは別に、パーティーに出掛けて「アイ・ラブ・スシ」とか、「アイ・ラブ・ジャパニーズ・フード」と言われるのは私も同様ですが、これは日本人相手の社交辞令のパーティー・トークではなく、アメリカには本当にお寿司や日本食を好む人が溢れているので、それは気にする必要はないと思います。実際のところ、日本人よりお寿司が好きな国民がいるとしたら、それはアメリカ人だと私は思っています。

そのアメリカ人はジェネレーションY以降になるとアジア人、ヒスパニック系など人種が異なるクラスメートが多い環境で幼い頃から育っていますので、日本人に会ったからといって日本の話題を持ち出すようなことはしてきません。

ですからMさんの問題は、今後のアメリカ社会においてはさほど遭遇しないものだと思います。

バックストーリー

アメリカにおける日本や日本人、日本食や日本の文化に対する理解度は、過去20年ほどで驚くほどアップしました。もちろん南部や中西部の田舎町には、アジア諸国を一括りにする程度の知識しかない人は少なくありませんが、大都市に住むアメリカ人が的確に日本のカルチャーを捉えるようになった進化ぶりは、１９９０年代の様子を知る私としては嬉しい変化です。

特に知識人を中心に評価されているのが、日本人が如何に詳細に気を配り、こだわるかということです。それが日本人が求める美意識や、物質の中にも精神性を求める厳しさ、職人芸としての完璧さなどの日本文化のハイスタンダードを可能にしていることを理解する人々が増えています。90年代の〝エコノミック・アニマル〟のイメージを完全に脱却して、日本人の善良さや日本のカルチャーが、本来評価されるべき状態で評価されるようになってきたことは、外国に暮らす日本人としてとても誇らしいことです。

このご相談で、稚拙と言えるカルチャー・オフェンシブな男性が登場しましたが、意外にこういう人が柔道や合気道のクラスに通うなどして、実は本当に日本好きや日本通で、それをアピールしようとする姿が脱線しているだけのケースもあります。その場合は海外に暮らす日本人にしてみれば疎ましく思える行為ですが、これが日本国内だったら好感が持たれていたかもしれません。

Q.16 進路の迷い…どちらを選ぶか？

WHICH WAY TO GO?

秋山曜子様

こんにちは、はじめまして。

秋山様の文章にいつも楽しませていただいております。私が今回こちらでご相談させていただきたいことは、進路についてです。

私は地方出身で現在東京の大学で最終学年です。就職活動をして、１つ内定をもらいました。

もともと行きたかった会社には落ちたので、当時「内定を取らなくては」という焦りで、自分が受かりそうな会社を受けたら受かってしまいました。

そしてその会社と内定後、お付き合いをするうちに事業内容も、理念も、人も、待遇も、企業体質等全てが自分と合わないことに気がつきました。入社前なのに、学校の授業もある平日にお給料も出ない研修があったり、長期の研修合宿をさせられるなどの理不尽に自分が耐えきれないと思いました。

やはりやりたかった事を諦めきれない気持ち、地方出身ということもあり故郷への思いも強く、家庭を持つなら帰りたいし、夢の1つである海外の大学院で勉強することを目指すにしても薄給なために貯金が難しく、そもそも目的もないのにわざわざ生活費の高い東京にいる必要はあるのか……などと悩んでしまいました。それで親に相談したところ、「ファースト・キャリアはとても大事だから」ということで、来年は何とかなるという保証はありませんが「もう1年なら就職活動をしても良い」と言ってくれました。

しかし今はその会社に入り、今まで受けてこなかった理不尽さに1年間だけは徹底的に耐えてみる、という経験もしても良いかな、と思うようにもなりました。どうせその会社で定年まで働く気はないし、その会社はすごく自分の個性を買ってくれているし、その会社で「もしかしたら好きなことができるかもしれない」「流れに任せてみる人生も面白いかな」とも思ってしまっているのです。

しかしそうなると人生計画が立たず、やがては昨今さらに厳しくなっている新卒でない就職をすることになります。以前、占いをしてもらった時に「人生の課題は計画性」と言われ、それがとても引っ掛かっています。

友人にも「既に転職を考えてるのであれば行かないほうが良い」という人と、「とにかく社会に出てみたほうが良い」という人がいて、迷いに迷っております。

自分でも漠然とした悩みなので、伝わりづらかったら申し訳ありません。お答えいただけると嬉しく思います。

（S）

ADV

女性の人生計画は変更の連続です

私は、日本を離れて久しいので現在の日本の就職事情について適切なアドバイスをして差し上げることは出来ませんが、確実に申し上げられるのは大学時代に人生の計画を立てても、決してその通りにはならないということです。

私自身、大学卒業の段階では「24歳まではOLでもして、25歳になるまでには結婚、そして子供を産んで……」と考えていましたが、結局は全く違うどころか、当時の私からは想像もつかない人生を送っています。今から思うと「25歳になるまでには結婚」と考えていた自分が滑稽でさえありますが、その当時の日本は「女性は25歳までが婚期」という〝クリスマス・ケーキ〟扱いでしたので、そんな社会の影響もありましたし、それにあっさり洗脳されるほど自分も未熟で、自分自身を理解していませんでした。そして何より人生を簡単に考えていたのだと思います。

私は「女性と男性の人生設計を同じように考えるべきではない」という意見の持ち主で、それは女性が男性とは異なり、価値観がどんどん変わる生き物であるためです。私の学生時代の男友達の中には、成長期から掲げていた夢や目標の職業に就いている初志貫徹型が決して少なくありませんが、女性の場合はそうは行かないケースが殆どです。もちろん、世の中には人生設計通りに生きているように見受けられる女性は少なくありませんし、本人ではなく親が意図した人生を生きる人、周囲や社会に受け入れられるシナリオで生きようとする人もいます。しかしながら人生というのは人間が意図したり、予期したりする以上の様々な可能性やリスク、誘惑、葛藤、予定外&想定外の出来事やトラブル、めぐり会いや別れ、再会、幸運、不運、偶然に満ち溢れているものです。ですからどんなにしっかり計画を立てて、その通りに生きようとしてもコントロールが出来るものではありません。人によって程度の違いはあっても、誰もが脱線したり、レールを修復したり、逆戻りしたり、方向転換をしたり、途中で列車を車や船、自転車や飛行機に乗り換えたりしながら進んで行くのが人生です。

したがってどんな局面を迎えても臨機応変にこなしていける機転や、物事に動じない精神力、実力、能力、人を惹きつけてサポートを得るための人間的魅力などを身につけている人が、サクセスフルな人生を送っていますし、もちろん親の七光りや財力が物を言っているケースが非常に多いのもまた事実です。

私の経験から言えること

私も大学を出て最初の仕事は、Sさん同様、第一希望で唯一やってみたかった仕事の企業に落ちたので、親のコネクションで入社した丸の内の企業でいわゆるOLをしていました。当時は前述のように直ぐに結婚するつもりでいたので、自分のやりたい仕事でなくても仕方がないと思う一方で、仕事への熱意はありませんでしたし、職場の人間関係も好きではありませんでした。

でもこの時代に学んだ基本的な事務作業やその効率良いこなし方、電話の対応、ビジネス上のマナーは、その後の職場でも、起業後にも大きく役立ちました。特に私が進んだファッション、マーケティング、出版の世界は、効率の良い事務作業や基本的なビジネス・マナー、言葉遣い、電話の対応が出来ない人が多かったので、上司には必ず好かれましたし、仕事が出来るという印象を与えるのにも役立ちました。

ですからやりたくないと思っていた仕事からでも沢山のことが学べますし、何がその後の人生に役に立つかは、実際に時間が経過してみないと分からないというのが私の自らの経験で言えることです。

加えて当時、自分がやりたくないと思う仕事をするうちに、本当にやりたい仕事、自分が打ち込める仕事をやってみたいという願望が人一倍強くなり、転職をしたのもそれが原因でした。ですからこの時代がなかったら、今の私は自営業などやっていなかったとさえ思うほどです。それほど自営業というのは好きでないと出来ませんし、いつも精一杯の頑張りを維持しなければ、すぐに業績に響くので、気を抜いたり、手を抜いたりが出来ません。

大学を出たばかりの時点だったら、「こんな仕事ばかりの人生はまっぴら御免！」と考えたと思いますが、今となってはその仕事が私の生き甲斐であり、ライフワークであり、幸福の源であり、私の人生において最も大切な一部になっています。

それと、Sさんは占い師の方に「人生の課題は計画性」と言われたことにこだわっていらっしゃいましたが、計画とスケジュールは違います。計画というのはいつ、どこに就職して、いつ結婚して、いつ地元に戻って、いつ子供を産んでというものではありません。それは将来の希望的スケジュールであって、それほど不安定で当てにならないものはありません。私の印象ではSさんは計画とスケジュールを勘違いされているように思えました。

計画とは文字通り〝計って〟〝画する〟ことなのですから、現状とそこから見込める将来を分析しながら、不確定要素やリスクを盛り込んだ備えやサポート・システムを持つ一方で、機動力や合理性、生産性を高めながら、目標達成のプランを立てることです。ですからSさんに限らず、誰の人生にとっても計画は重要な課題なのです。

悔いのない決断に失敗はありません

人間が決断を下す際の迷いがどこから来るかと言えば、それは失敗や後悔を恐れる気持ちからです。自分が進むべき道を本能が悟っているのに、それを阻止するような囁きはどんな決断にも付き物です。私はショッピングであれば迷った時は買いませんが、人生の決断で迷った時は、失敗しても得る物があるほう、何かが学べるほうを選びます。それはある意味では保険のようなものです。

したがって、もし私がSさんであれば1年就職浪人をするよりは仕事を選びます。というのも、就職活動から自分の将来に役立つことを学ぶことはさほど期待できませんが、実務経験からは学ぶことが多いと考えるためです。

ですが人生における決断は、あくまでご自分で下さなければ意味がありません。人の言う事を聞いて決断してしまえば、必ず後悔します。「流れに任せてみる人生も面白いかな」というような曖昧な気持ちでも同様に後悔します。誰にとっても人生というのは20代前半で頭に描くほど簡単なものではありません。だからこそ決断は悔いが残らない形で下すべきなのです。

この問題に限らずSさんのこれからの人生の様々な局面において、迷いながら決断を下さなければならない状況は何度も訪れますが、その際にも起こってもいない未来の出来事を危惧したり、目先の利益や、周囲の見解に振り回されたりせずに、自分に正直で後悔しない決断を下すべきなのです。「それが自分にとって最善の道だと思って選んだ」という信念があれば、たとえつらい思いをしても後悔や不満、不安を抱かず、その経験から学び、自分を磨いて、強く、魅力的な人間なるために自分のエネルギーを使うことが出来るのです。

余計な時間やエネルギーを後悔や不安に費やすことなく、自分の能力を高めながら前向きに努力する人には、やがて必ずチャンスや幸運が巡ってきます。これは気休めではなく本当の事です。それほどまでに世の中の人々は余計な事にフォーカスしながら生きているので、それをしないだけでも人生に大きな差が出るのです。

今の日本社会のSさんの世代の中には、将来への大きな夢が抱けないという人が少なくないようですが、守りに入った決断ばかりを下して、最初から終わりが見えているような人生を送っていても、道は決して開けません。それどころか、待っているのは不幸せを幸せだと自分に思い込ませようという、最も惨めな人生です。不幸が不幸と分かっている場合は、それを脱して幸せになろうとすることが出来ますが、不幸を幸せだと自分に思い込ませる人生には、幸福になれる糸口はありません。

Sさんの人生はこれからなのですから、失敗や将来の展望を恐れることなく、いろいろなことに積極的にチャレンジして、いろいろな人に出会って、自分の夢が叶えられる人生を送っていただきたいと思います。既に時代は変わりつつあるのです。5年前までの〝成功のフォーミュラ〟が3年後には〝潰しが効かない人生〟になっていても不思議ではありません。もう経歴や肩書で勝負する時代など終わっているのです。そんな時代だからこそ、様々な経験を積んで実力や自信を身につけるべきなのです。

私は年齢に関わらず、夢と志を高く持って努力する人を常に心から応援、サポートをしていますが、世の中でそう考えるのは私だけではありません。それを忘れずにいていただきたいと思います。

バックストーリー

プライベート・セッションのお申込みも含めて、私がこれまでご相談を受けてきた方達は、30代、40代を迎えた段階で「自分のしたいことが分からない」「自分に何が向いているのか、何が出来るのか分からない」と悩んでいるケースが少なくありません。私は現状に甘んじてそのまま人生を終えようとする人よりも、そうやって考えたり、悩んだりして、自分とその人生を向上させようとする人を応援する立場なので、それが悪いと思ったことはありませんし、模索し続ければ誰もが本当の人生の意義を探し当てられると信じています。でもそれは何か物事に取り組んでいる場合で、ただ考えているだけだったら答えが出ないまま終わってしまっても不思議ではないように思います。

昨今では50代を迎えた方からも、「このまま人生を終えたくない」「今から何が出来るか」といったご相談を受けるようになりましたが、前向きに生きるということは常に人生に取り組むことなので、その姿勢には年齢制限はありません。生きている限り貫くべきなのが、人生に取り組んで、向上させようという姿勢です。

私は若い世代には外国生活を含む沢山の経験を積んで、自分を鍛えることを奨励する一方で、リタイアに備える方達には、早めに行動を起こすこと、そして何より、健康管理を最優先にすることをアドバイスしています。どの世代にとっても自分がやりたいこと、自分が情熱を注げることを仕事やライフワークにすることが生き甲斐のある人生のカギとなりますが、それは精神と肉体の健康というインフラストラクチャーがあって初めて実現するものです。健康な肉体と精神があれば、人生には幾らでも時間が残されているのです。

Q.17 この人とだけはどうしても無理です！

HE'S SO NOT MY TYPE!

秋山さんの「キャッチ・オブ・ザ・ウィーク」のコラムをずっと読んでいる大ファンです。このコーナーも皆さんの相談内容と秋山さんの適切なアドバイスをいつも楽しみにしています。私の相談にもアドバイスをお願いします。

先週末、友達夫婦に男性を紹介してもらうことになっていました。友達はかなり前から私にその男性を紹介したがっていて、「彼を交えて4人で食事をしよう」ということだったので、ただ「会ってみる」程度の気楽な感じで

ＯＫしました。ところが当日になって友達カップルの都合が悪くなり、私とその男性が２人きりでレストランで会うことになってしまいました。

私は男性に会う前にメイク直しをしたかったので、わざと少し早めにレストランに着いて化粧室に行っていました。そして戻ろうとした時に、私が一番嫌いなタイプの男性が友達の名前で予約を告げているのを聞いて、その場で凍り付いてしまいました。ルックスだけでなく、その態度も店員さんを見下したような横柄な感じで、その男性と一緒にディナーをするなんて「絶対に無理！」と思いました。それで化粧室に引き返して10分ほど考えていたかと思います。結局、私はそのままレストランを出て家に帰ってしまって、友達には突然体調が悪くなったと説明しました。

友達は自分達もドタキャンだったので、私が体調が悪くてレストランに行けなかった事については、気にしていませんでした。でも「仕切り直し」と称して、その男性と私をどうしても会わせようとしていて、私は一度すっぽかした形になっているので断るに断れず、忙しいふりをして逃れようとしました。

でも何度も連絡があるので、実は約束のレストランに行っていたこと、男性の姿と態度を見て帰ってしまったことを友達に正直に話してしまいました。普通、そこまで言われたら諦めるものだと思うのですが、友達は「第一印象だけで人柄を知らないまま、判断するのは間違っている」「見た目はパッとしなくても、とても良い人だし、気前も良い」などと言って男性を売り込んできます。友達夫婦が一緒だから「2人きりのお見合いやデートのようにはならない」としつこいほどに誘ってきます。

でも私にしてみたらたとえ2人きりじゃなくても、あのルックスと態度の男性に会うことを考えただけでも気持ちがドップリ重たくなって憂鬱です。あの男性とはどう頑張ってもダメです。

正直言って、どうして友達夫婦があの男性を私に相応しいと思うのかにも疑問があります。その友達夫婦とは特に親しいという訳ではないのですが、以前にも1度ご主人の知り合いを紹介されたことがあります。その時は3回ほどお相手の男性とデートをしましたが、旅行に誘われたのを断ったらそれで傷ついたのか、以来連絡が来なくなりました。その男性も私との相性が良い人とは言えませんでした。でも今回の男性は、相性以前に生理的に受け付けないのです。

このコーナーに以前、お断りのし方についてのアドバイスが登場していましたが、「人間性を知らないで外観だけで判断するのは間違っている」と言われた場合、私はどうやってこの話を断ったら良いのでしょうか。

秋山さんのお知恵を拝借できればと思います。よろしくお願いします。

（S）

ADV.

ブラインド・デートの悪夢

アメリカでは、日本のお見合いのようにシングル同士を引き合わせることを〝ブラインド・デート〟と言いますが、「軽い気持ちでブラインド・デートをセットアップしたり、ブラインド・デートに応じたりすると、酷い目に遭う」というのはごく一般に言われることです。

カップリングする2人の性格や好み、バックグラウンド等を良く理解した仲介者が「この2人だったら上手く行きそう」と確信してセットアップした場合は上手く行くケースもありますが、往々にしてブラインド・デートは人間関係がこじれるきっかけになるものです。

私のヴェジタリアンの友人は、数年前に同じヴェジタリアンの男性とブラインド・デートをセットされて、最初の2回くらいは紹介者の友達を交えて普通に会っていたとのこと。でも2人で会うようになってから男性が被害妄想のようなことを言い出し、終いには彼女のスマートフォンを奪い取って放り投げるという暴挙に出たため、紹介者に「彼とは二度と会わないことにした」と話したところ、「貴方ともやっぱりダメだった?」と言いうのがそのリアクション。

聞けばその男性は過去2年ほどを精神医療施設で過ごしていて、女性との健全な恋愛で完全に社会復帰して立ち直ることを周囲が期待していたとのこと。それを聞いた友人は「そういう事は最初から言ってくれるべき」と抗議したそうですが、逆に知人に「精神医療を受けた人を差別している」と批判されてしまい、以来その紹介者にも一度も会っていないと言っていました。彼女はその苦い経験から「もう2度とブラインド・デートをしない」と心に誓ったそうですが、レベルに差はあってもブラインド・デートの苦い経験談は誰にでもあるようです。

仲介する側がマッチ・メイキングする2人の性格や好みなどを深く考えていない場合。そのセットアップの被害者になるのは往々にして女性です。その理由は男性のほうが外観の好みがはっきりしており、外観で魅かれない女性とは上手く行かないので、仲介者が「男友達と彼が好みそうなルックスの女性」を引き合わせる傾向にあるためです。女性は男性ほどはルックスに拘らない傾向が強いですし、外観以外の要素に魅かれて付き合う場合のほうが多いと言っても過言ではありません。

世の中でルックスの良し悪しに開きがあるカップルと言えば、圧倒的に美女とルックスが劣る男性の組み合わせであることを考えれば、それが納得できるかと思います。したがって、お友達カップルがSさんを問題の男性に引き合わせようとしたのは、Sさんのことを考えて「彼がピッタリだと思った」というよりも、Sさんが「彼の好みにマッチしている」ということだと思います。ですから、「どうして友達夫婦があの男性を私に相応しいと思うのかにも疑問があります」とメールにありましたが、これについては何も考える必要はないと思います。

誘いを断るのに正当な理由は要りません

それと共に深く考える必要がないのは、どうやって男性との〝仕切り直し〟のお食事を断るかについてです。というのはSさんには、「どうしても男性に会わなければならない」という義務がないためです。

Sさんが、日頃からお友達カップルにとてもお世話になっている、もしくは非常に親しい間柄でしたら、男性に会うことによってカップルの顔を立てる必要があるかもしれませんが、特に親しいという関係ではなく、恩も義理もない関係でしたら、カップルにはSさんが望まないことを強要する権利はありませんし、Sさんがそれを断るのにカップルの承諾も、理解も必要ありません。

たとえ一度は男性に会うことを承諾したとしても、後から気持ちを変えることは不道徳でも、不義理でもありません。下手に言い訳をして断ろうとすれば、相手は説得に掛ってきますから、「この件は、きっぱりお断りします」という意思表明をする、もしくはそれについての連絡には一切返事をしないという形で、「それ以上誘っても無駄」であることを明確にすべきです。

そもそも仲介する側が人と人を引き合わせようとする背景には、単なる「親切＝お節介」的な理由もあれば、紹介することによって何らかのメリットがある場合や、紹介しなければならない義理や理由があるケースも珍しくありません。

Sさんのメールに、お友達が男性のことを「気前が良い」と言っているとありましたが、ひょっとしたら日頃から気前良く男性にご馳走になっているお礼に女性を紹介しようとしているのかもしれません。実際、人を紹介するということを「コモディティ（商品）」だと考えて、それと引き換えに様々な恩恵を受けようとするケースは世の中に少なくありません。マッチ・メイキングがビジネスになることを思えば、何も好き好んでその〝商品〟になることはありません。

中には「気に入らない男性でも取り敢えず会っておけば、次も紹介してもらえる」と考える女性もいますが、マッチ・メイキングの世界では最初に紹介される相手が〝ベスト〟、もしくは〝一番マシ〟というのが定説ですので、次があった場合でも期待はできません。

自分を本能的に幸せに導く直感こそがバロメーターです

かく言う私は、一生に一度だけ知人の紹介で、第一印象で全くピンと来なかった男性と付き合ったことがあります。その結果、別れる時は理由があって弁護士沙汰になりましたので、自分の直感に従って人と付き合うことが如何に大切かは誰よりも理解しているつもりです。「第一印象だけで人柄を知らないまま、人を判断するのは間違っている」というのがSさんのお友達の言い分でしたが、私の場合、第一印象で嫌いだった人とは、仕事でもプライベートでも上手く行った経験は一度もありません。

人間は誰もが自分を本能的に幸せに導く直感を備えています。それに従って生きるほうが遥かに余計なトラブルが防げるというのが私の様々な経験から得た意見です。

外観や第一印象というのは、ルックスの良し悪し以上の様々な情報をもたらします。それを軽視するのは大間違いですし、特にルックスという点では長けていなくても、〝良い顔〟をしている人や、パワフルな魅力やオーラがある人は沢山います。私は人間の中身は外観に現れると思うので、外観で人を判断するということが世の中で言われるほど悪いことだと思ったことはありません。

ですのでSさんにも大義名分的な道徳観よりも、ご自身の本能や直感で自分を幸せにしてくれるお相手を見極めていただきたいと思います。

バックストーリー

世の中には出会った時のコミュニケーションがギクシャクしたせいで、交際に至るまでに時間やプロセスを要するカップルは少なくありません。私の友人の妹さんは、ブラインド・デートで紹介された時は全く会話が弾まなかった男性と、偶然大統領選挙のボランティアとして再会したのをきっかけに結婚しました。

本人たちに訊ねたところ、ブラインド・デートで上手く行かなかった理由は、2人ともグッド・ルッキングなせいもあって、お互いに相手が自分が好みのタイプなので緊張していたこと、そしてそれぞれの緊張した様子を「気取った態度」「自分がモテると思っている」などと誤解してしまったからだそうでした。要するに2人は、外観レベルでは最初に出会った時から、直感的に惹かれ合っていたのです。

Q. 18 「若い」と褒めるのは年寄り扱いと同じ?

過去7年ほどサイトを愛読しているファンです。CUBEさんの情報はとても役に立ちますし、興味深いことが沢山なので、欠かさずチェックしているサイトです。特にYokoさんのコラムは、フェーバリットも、キャッチも全て真っ先に読んでいます。私もご相談したいことが出来てしまったので、いつもサイトを楽しませていただいているお礼を兼ねてメールをしています。

お稽古事をしていて、お教室の生徒さんの年齢層は30代~40代前半が中心ですが、1人55歳の女性がいます。その女性はビックリするほど若くて、髪の毛はフサフサで白髪など全くありませんし、痩せていて、とても姿勢が良くて、どう見ても40代前半です。遠目だったら30代後半でも通りそうな感じです。自分の母が55歳だった時などに比べると、その女性は信じられないほど若いので、「○○さん（その女性のこと）って、本当に若い！」と心から言ってしまいますし、彼女の年齢を知らない人に55歳だというと、本当に皆驚いて敬意の目で見るので、褒め言葉のつもりでそう言っていました。

当人も周囲が驚いたり、褒めたりするのをまんざらでもなさそうな顔で微笑んでいたのですが、先日、お稽古のメンバーでお茶を飲んでいる時に、その女性がお誕生日を迎えることが分かったので「お稽古のメンバーでお祝いしよう」と言い出したところ、「祝ってもらって、嬉しいほど若くないから」と断られてしまいました。そこで私とお友達で「○○さんは本当に若いですよ。とても50代なんかに見えませんよ。」と言ったのですが、友達のほうには見向きもせずに、私の顔だけを見て「あなた、いつも若い若いって言ってくれるけれど、それは年寄りだって言っていることと同じなのよ」と、かなりキツイ口調で言われてしまいました。

ちょっとビックリして、帰り道に30代のお稽古仲間に「若いって褒めるのって、失礼なことだと思う？」と訊いたところ、彼女が「今まで黙っていたけれど……」と言いながら、私が55歳の女性のことを褒める度に、40代の女性達が「自分達のほうが55歳の女性よりも年寄りに見えると言われているような気がする」と文句を言っていたことを知らされました。それだけでなくお稽古のメンバーの中では、私は「直ぐに歳の話を持ち出してくる」とか、「自分がどれだけ無神経に年齢の話ばかりしているかは、自分が歳を取るまで分からない」等と言われているそうで、本当にショックを受けてしまいました。

私は人の気持ちを逆なでするようなつもりで言っていたのではなく、あくまで若く見えるという褒め言葉や、親切心で言っていただけに、そんな風に思われていたのは本当に意外でした。一体、私の言葉の何がそんなに悪かったのでしょうか。

お稽古の友達に訊くと、「そんなことも分からないなんて、無神経」と言われそうなので、秋山さんにお尋ねしたいと思ってメールをしています。お返事いただけると嬉しいです。

（K）

「若い」という言葉は年齢によって意味が異なります

年齢という話題は特に女性の場合、歳を重ねれば重ねるほど、センシティブな要素を含んできます。恐らくKさんは30代~40代中心のお稽古のクラスの中の55歳の女性に、「年齢による疎外感を味わうことがないように」という優しい気持ちで、その女性を「若い」と褒め続けていたこととお察しします。

でも同じ年代の女性との会話で「若い」と褒められるのと、自分より10歳、20歳若い女性達に囲まれて「若い」と褒められるのでは、意味合いが全く異なるのです。例えばクラス会で再会した旧友に「若い」と言われるのであれば、「同じ年齢である自分より若さを保っている」という敬意がこもっているように受け取れますが、自分より若い人に「若い」と言われるのは、「歳の割りには若く見える」「そんな年寄りには見えない」という意味になりますので、これは言い方を替えれば、「若く見えるけれど、実際には歳を取っている」ということになります。したがって、お稽古のクラスの女性が「年寄りだって言っていることと同じ」とおっしゃるのは無理もないように思います。

実際のところKさんとて、自分より若い年代に対して「若い」という言葉を使う場合と、年上の年代に対して使う場合では意味合いが異なることを自覚していらっしゃると思います。若い年代に対して使う場合は、人生経験が未熟であるとか、自分より遥かにエネルギッシュである場合、夜遊びをしていても肌の調子が良いことを羨ましく思う時など、本当に「若さ」を感じるからこそ使っているものと思います。

それに対して、年上に対して使う「若い」という言葉は、Kさんがメールに書いていらしたように、「自分の母が55歳だった時などに比べると」とか「年齢の割りに」という比較対象を伴う若さであって、一般概念の「若さ」ではありません。そもそも、もしKさんがお稽古のクラスの女性を本当の意味で若いと思っていたら、自分の母親とは比較していないと思う次第です。

私の知り合いの中にも、友人を紹介する際に直ぐに年齢を持ち出してくる人がいますが、本人は全く悪気はなく、外観の若さを褒めているつもりです。でもアメリカ社会でも女性が自分の年齢を話題にされて厭わないのは30代まででですので、はっきりと不愉快さを顔に出す女性は少なくありません。

その一方で世の中には男性女性に関わらず、自分の年齢を全面に押し出して、その外観の若さや健康の秘訣を誇らしげにアピールする人もいます。でもそういう人は往々にして何か売りつけるプロダクトやサービスを持っている人で、そういう人達は〝若い〟というおだて文句を手放しに歓迎してくれる代わりに、スキンケアやサプリメントを売りつけてくるかもしれません。

アメリカは履歴書にも年齢を記載しない国です

そうかと思えば、私の友人は29歳でシアター系のダンス・クラスに通っていますが、一般に「若い」とカテゴライズされるはずの29歳という年齢は、ダンサーとしては「年寄り」なのだそうで、クラスで最高年齢であるだけでなく、「20代前半のダンサーのエネルギーや柔軟性を見せ付けられて、年老いた自分に落ち込むことが多い」と言います。

ダンサーだけでなく、ハッカー、スポーツ選手、モデルといった職業やカテゴリーでは、30歳で〝ベテラン＝年寄り〟扱いですので、年齢意識というのは自分が属する世界によって異なるものです。要するに「若い」という概念はかなり曖昧なもので、人によって異なる見解や、尺度、解釈を持っているものです。そんな曖昧な概念だからこそ、褒め言葉のつもりが侮辱的に受け取られてしまうこともあるかと思いますし、Kさんのお稽古の40代の女性達のように、それを横で聞いていた人が別の物差しでそのコメントを解釈して、気分を害することがあっても不思議ではありません。

もしKさんが親切心から人を褒めてポジティブなエネルギーを与えてあげたいと思うのであれば、年齢のような難しい題材は避けて、誰が聞いても褒め言葉と思えることを選んで言ってあげるべきです。またKさんがお稽古のクラスの55歳の女性を本当に若々しいと思っているのであれば、年上であるという敬意は示しても「ジェネレーション・ギャップを相手に感じさせない接し方をするべき」というのが私の考えです。

そうすることによって違う世代の人とでも、同世代と同様の友情を築くことが出来るのですから、Kさんが潜在的に持っていらっしゃる〝年齢への拘り概念〟をこの機会に取り除くべきだと思います。そのためにはまず「年齢を話題にしない」「人を年齢でジャッジしない」「ルックスの評価を年齢と切り離す」というところからスタートしてみてください。

アメリカ社会では、お互いの年齢を知らないで会話をしているケースが多いせいか、「You look good!」とか「You're so fit!」というセンテンスで、外観や雰囲気から漂う若さを讃えることはあっても、「You look young!」というセンテンスは使いません。今回、Kさんへのアドバイスを考えるにあたって、私も年齢を話題にすることについて深く考えてみましたが、「You look young」というセンテンスは、英語でも誉め言葉として良い印象を与えないのは事実です。たとえばハロウィーンの際にお婆さんがチアリーダーのコスチュームを着用している場合など、過度な若作りに対するユーモアとしてならこのセンテンスでも問題はありません。

そのアメリカは履歴書にも年齢を記載しない国ですので、年齢によって接し方や待遇を変えることは立派な年齢差別に当たります。

結局のところ、年齢の話題というのは地雷の上を歩くような要素を多分にはらんでいますので、その上を歩かない、すなわち避けて通るのが一番なのだと思います。

バックストーリー

私は、125歳以上まで五体五感満足に生きることを目標に掲げているだけでなく、長寿というものを自分のライフワークとして取り組んでいます。そんな私にとって、エイジングを精神面でどう捉えるかは常に課題になってきました。

自分より明らかに若い年代と同じように振る舞う気持ちなど毛頭ありませんが、だからと言って世の中の既成概念の40代、50代、60代に見合った服装、ライフスタイル、アクティビティ、精神年齢を自分に押し付けるのでは、せっかく生きている意味がないというのが私の考えです。交友関係にしても、自分の世代に限る必要はないと思っていて、実際、私の親友の1人は20歳年下ですが、私たちが上手くやっていけるのは、バックグラウンドやジェネレーションが異なるためお互いから学ぶことがある一方で、友達として気が合うので年齢など全く考えずに付き合っていられるからです。

世の中には年齢を人生のルールのように捉えて、それを基準に人やその生き方をジャッジしたり、ルックスや服装に〝年齢相応〟の意識を持ち込みたがる人は少なくありませんが、そういう人はやがては自分の年齢ジャッジによって、自分を葬るような人生を送ることになります。年齢相応に生きようとした場合、年齢というコンセプトは人間に未だ訪れていない限界を感じさせたり、夢を諦める原因になったり、新しい世界や人間関係に目覚める支障になったり、自分らしく生きようとする心に制限をつけるものであったりします。ですので長い人生を悔いなく生きたいと考える場合、年齢という概念ほど邪魔で、不必要なものはないというのが私の偽らざる意見です。

コラム

人生に負債と財産があるとすれば

PAY IT FORWARD

現在、世界的に貧富の差が大きく開いているというのは周知の事実です。

でも何兆円の財産を築いたところで、この世での命が終われば、その財産を死後の世界にトランスファーすることなどできません。借金があの世まで追いかけてこないのと同様、どんなに立派なお葬式をして、高額の墓石をオーダーしたところで、財産をあの世まで持っていくことは誰にもできないのです。

その一方で私は、死んだからといって帳消しにならない負債と財産が人生には存在すると信じています。その負債は人から受けた親切や恩、そして財産は自分が行なった親切や正義、思いやりの行為に対して人が示してくれた感謝や幸福感、そこから得られる満足感や達成感です。

アメリカでは、2012年頃から〝Pay It Forward／ペイ・イット・フォワード〟というムーブメントがファースト・フード・チェーンのドライブ・スルーで度々起こってきました。〝ペイ・イット・フォワード〟とは、自分が受けた恩の恩返しを誰か別の人に対してするという意味です。

ドライブ・スルーにおけるペイ・イット・フォワードは、前の車の人が次の車の人のオーダーの分も自分のクレジット・カードで支払ってあげるというもので、見ず知らずの人にでも親切にして、幸せを分かち合おうというムーブメントとしてグラス・ルーツ的に発生してきたものです。アメリカ郊外のドライブ・スルーは、時間帯によっては何台もの車が行列していることが少なくないので、それを待っている間にフラストレーションを感じることもあるようですが、いざ自分の番がやってきて支払いをしようと思った時に、「前の車のお客様が貴方の分を支払いました」と言われると、待たされたイライラが払拭されるだけでなく、その親切や心遣いによって逆にハッピーな気分になるものです。

そしてそんな思いを自分の後ろで順番待ちをしているドライバーにも味わってほしいと考えるので、「それならば、自分は後ろの車の人の分を払う」ということで、どんどんその小さな親切とハピネスのバトンタッチがドライブスルーで続いていくのがペイ・イット・フォワードのムーブメントでした。２０１５年にはフロリダ州のマクドナルドのドライブ・スルーで、ペイ・イット・フォワードが250台も続いてちょっとしたニュースになっていましたが、こうした報道はその場にいなくても、聞いているだけで幸せな気分にさせてくれますし、人間がちょっとした親切を受けることで幸せになれる生き物であること、それを人に対してしてあげることでも幸せになれることを立証するものです。さらにまっとうな人間であれば、誰もが「受けた恩を返したい」という気持ちを持っていることも改めて認識させてくれるものです。

俗に〝恩知らず〟と呼ばれる人は、そうした親切やサポートを当たり前と思ったり、それが大したことではないと軽視するなどして感謝もしなければ恩返しもしませんし、受けた恩を忘れて自分に良くしてくれた人、支えてくれた人に対して酷い仕打ちや裏切行為をすることもあります。こうした人達はたとえ時間が掛かることがあっても徐々に周囲からの信頼とサポートを失っていくものですが、その状況は借金をしても返さない人に、お金を貸してくれる人がいなくなっていくのと同じです。受けた恩を返さない人というのは、実生活はお金や労力の出し惜しみと周囲の人間を上手く利用することによって私腹が肥やせるかもしれませんが、「人生の徳」という意味ではどんどん負債を重ねているのです。

私はニューヨークに住み始めて自分でビジネスを始めてからというもの、本当にいろいろな人達に支えられたり、助けられてきました。人生やビジネスについて教えてくれた人もいれば、つらい時に励ましてくれた人、アイデアやインスピレーションを与えてくれた人、楽しい体験や珍しい経験をさせてくれた人など、例を挙げたらキリがないほどです。それだけでなくニューヨークに暮らしていると見ず知らずの人々からも街中で助けられたり、親切を受けることは珍しくありません。ニューヨーカーは一見他人には無関心で冷たいイメージがありますが、実際には困っている人を見ると驚くほど親切で、私はこれまで何度、そんなニューヨーカーに助けられてきたか分かりません。

私はそうして受けた恩を、出来る限り本人に対して返そうと努めてきましたが、それが出来ない場合は他の誰かを助けたり、親切にすること、すなわち〝ペイ・イット・フォワード〟を実践することによって、人生の負債を減らし、財産を作ろうと考えるようになりました。その意味で私は、ニューヨークに来てから本当の意味での生きる豊かさを学んだと思っています。

「人に親切にすると、やがてはそれが自分に返って来る」と言いますが、実際に人を助けたり、親切にする人には有形無形の財産がもたらされるものです。相手が喜んでくれることによって、幸せな気分を味わうのはもちろんですが、それがきっかけで友情や信頼の絆が生まれたり、人間が本能的に求めている道徳的モラルによる満足感、自分が誰かを幸せに出来たという達成感は、心身のデトックスをして活力を与えてくれます。

それこそが人生の財産であって、人生の財産で潤う人は周囲を助けてあげる優しさや強さ、心の広さや豊かさ、情の深さを持ち合わせているので、最後には必ず報われる、もしくは運が味方すると私は信じています。

私が尊敬して止まないココ・シャネルの語録に「There are people who have money and people who are rich」という言葉がありますが、真のラグジュアリーを理解しているココ・シャネルの目からも、「people who have money＝お金がある人々」と、

「people who are rich＝豊かな人々」は別物だったのです。

そう考えると、お金儲けだけが自分を豊かにする訳ではないことが理解できると思います。

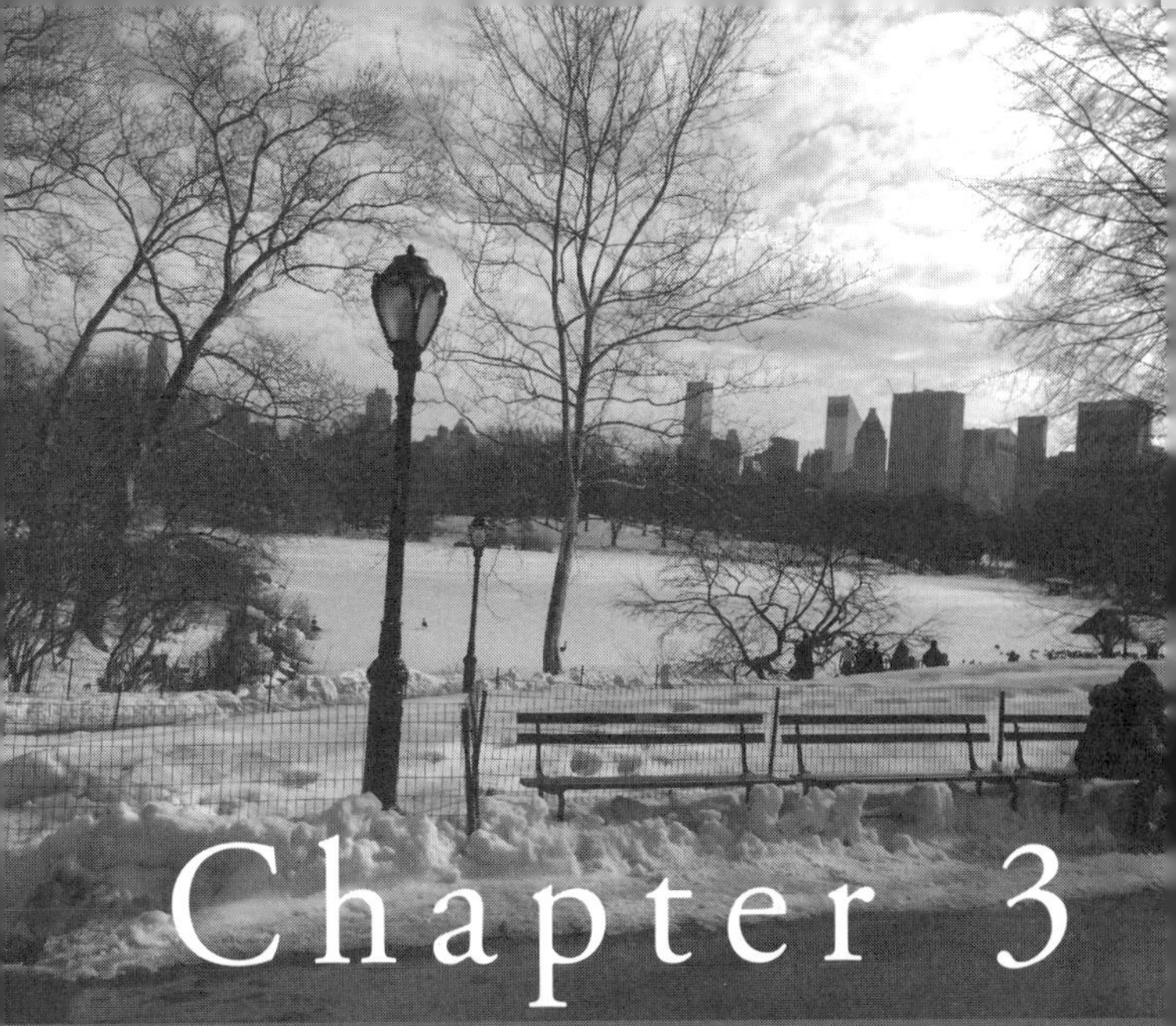

Chapter 3

CENTRAL PARK

第3章　セントラル・パーク

マンハッタンの面積の6％に当るセントラル・パークは、アッパー・イーストサイドとアッパー・ウエストサイドを仕切るように位置する縦長のパークで、年間約3800万人が訪れるニューヨーカーの憩いの場です。パーク内が様々なエリアに分けられた計算されたランドスケープは、世界一の街、ニューヨークに相応しい世界一のアーバン・パークと言える素晴らしさで、テニス、サッカー、バスケットボール、サイクリング等、様々なスポーツが楽しめる巨大な屋外ジムの役割も果たしています。

第一回目のニューヨーク・マラソンが行われたのもセントラル・パークで、その時は全長10キロのパーク内最大のループを約4周と4分の1走るのがそのコースでした。私が週に約4回のペースでランニングしているのもそのループで、Q＆ADV．に寄せられたご相談へのアドバイスを考えるのがそのランニングの最中です。したがってQ＆ADV．のコーナーに最も貢献してくれているのがセントラル・パークです。私自身、悩み事や考え事で頭の中がパンクしそうな時に、セントラル・パークを走るだけで状況は何も変わっていないのに、精神的なレベルで解決される思いを何度も味わってきました。

それとは別に私はセントラル・パークを走るようになってから、自然の中に身を置いて木々や土の香りが混じった空気を肺一杯に吸い込むこと、季節の変化を体感して、草花や樹木から自然の息吹や力を感じ取ることが人間の心理にとってどんなに大切であるかを初めて悟りました。パークを走るうちに目にする季節の移り変わりは、まるで人生の局面についてのレッスンのようで、どんな季節にもそれぞれの美しさや意味合いがあることを思い知らされます。またハリケーンの後に大木が折れてしまっても、小さな花が生き残っている様子を見て、その生命力に感動することもあります。

そんなセントラル・パークは、私の心身の健康にとって不可欠な発散やメディテーションの場所であり、自然が教えてくれる教訓を学ぶ場所でもあります。私がアッパー・イーストサイドに住み続ける理由の1つも、ここに直ぐアクセスできるエリアにいたいと考えるためです。

Q.19 男性に会うのだから メイクくらいはしないと

PUT SOME MAKE-UP ON!

Ｙｏｋｏさん、こんにちは、

いつもこのコーナーや、キャッチ・オブ・ザ・ウィークのコーナーをとても楽しみに読んでいます。もう恐らく12年くらい、欠かさずにアクセスしている唯一のウェブサイトです。私もご相談に乗っていただきたいことがあります。

私の友達で、全然メイクをせず、ファッションやヘアスタイルにもあまり構わない女性がいます。

その女性をAさんとすると、Aさんは顔は可愛いと思うので私から見ればヘア&メイクに気を遣わないのが勿体ないという感じで、ある時ちょっとしたパーティーに一緒に出席するのをきっかけに、Aさんのヘアカットとブロー、そしてメイクやネールを私の行きつけのサロンでやってもらいました。そうしたら私が思った以上に、ビックリするほどキレイになってしまって、私が貸してあげた服やシューズもとっても似合っていて、パーティーでも「メイクするとキレイ」と、日頃とは打って変わってチヤホヤされていました。

Aさんは日頃から「彼氏が出来ない」とこぼしていたので、これだけキレイになったら彼が見つかるだろうと思った私は、ちょっとお節介かと思ったのですが、主人の友達で少し前に彼女と別れたばかりのイケメン（?）にパーティーで撮影したAさんの写真を見せたところ、「会ってみたい」と言ってくれました。Aさんもイケメンの写真を見てかなり気に入っていたので、主人と私、そしてイケメンとAさんの4人で食事をすることにしました。当日私はAさんがイケメンに気に入ってもらえるようにメイクの指示を与えて、着て行く服も貸してあげて、2人が上手く行ってくれることを願っていたのですが、何とレストランに現れた彼女は元通りのスッピンで、私が貸してあげたワンピースではなく、自前の地味なセーターとスカートというファッションで唖然としてしまいました。

唖然としたのは私だけでなくイケメンや主人も同様で、食事の間中、私は罪悪感やパニックも手伝って、何とか皆がその場を無事に楽しく過ごしてくれるようにと一生懸命話題を提供したり、万遍なく話題を振ったりして凄く疲れる思いをしました。

食事の後半にAさんと一緒に化粧室に行った時に「どうしてメイクをして来なかったの？　そのほうがキレイなのに……。それにどうして貸してあげたワンピースを着てくれなかったの？」と訊いてみましたが、返って来たのは、「お化粧をしている時の自分は役を演じている女優みたいな感じだから、真剣に付き合うかもしれない人には日頃の本当の自分として会いたかった」

という言い分でした。

私は、そういわれて何て言ったら良いか分かりませんでしたが、イケメンの彼女に対するリアクションは、「僕はもうちょっと身なりに気を遣う女性のほうが良いんだよね」というものでした。実際イケメンは食事の間中、全く彼女に興味を示していなかったのですが、にも関わらずAさんは彼を気に入ってしまいました。

それで食事代は全て主人が払ったのに「食事の席に会いに来てくれたお礼が言いたいし、今度は2人で会いたいので連絡先を教えて欲しい」と言って来ました。私はイケメンにこれ以上迷惑は掛けられないと思ってごまかしていたのですが、その後も何度も訊いてくるので、すごく言い難かったのですがイケメンからのリアクションをAさんにフィードバックしてしまいました。

そうしたらショックを受けるかと思ったらAさんに逆切れされてしまって、私が「お見合いみたいな食事を企画しておいて会話ででしゃばり過ぎていた」とか、「どうして自分の写真を見て会いたいと言ってきた男性に、最初から直接繋いでくれなかったのか？」などと言ってきて、最後には私が「イケメンのことが好きなのでは？」と勘ぐるような被害妄想になっていました。

　幸い主人がその席にいたので、私達夫婦は何と言いがかりを付けられても大丈夫です。それよりも納得がいかないのは、こんなにAさんに良くしてあげたのに最後にはまるで罵られているような思いをさせられたことです。普通だったらこんな風にこじれた人とは暫く会わないのですが、彼女に貸したワンピースと靴を返してもらわなければならないので、それで会う時にまた何て言われるかと思うと気が重いですし、出来ればAさんが納得するように説明してあげたいと思います。

　それが上手く行かなかったら、もうお友達付き合いは出来ないと思って諦めようと思っていますが、Aさんにどんな風に話すのが良いか、お知恵を貸していただけるとすごく嬉しいです。よろしくお願いします。

（C）

ADV

ヘアやメイク、ファッションに手やお金を掛けない女性とは…

私も人をメイクオーバーして、その人がキレイになるのを見るのがとても好きなので、Cさんがお友達のファッションやメイクの面倒を見てあげたくなるお気持ちはとても良く理解出来ます。このオケージョンでCさんがやらないほうが良かったと思えるのは、やはりAさんにイケメンを紹介してしまったことです。

私の経験上、メイクオーバーというのは、その場限りの瞬間芸で終わる人と、それをキッカケに努力して「キレイになろう」というタイプの人に分かれます。努力してキレイになろうというタイプの人は、もともと自分が「もっとキレイになりたい」という願望を持っていたものの、どうやったら良いのか分からなかった人で、そういう人は、メイクオーバーによってファッショナブルな装いやヘア&メイクを学ぶと、それ以降は自分なりにそれを継続していくようです。

逆にせっかくメイクオーバーをしても瞬間芸で終わってしまう人というのは、ヘアやメイクに手や時間を掛けるのが面倒だという人もいますが、意外にも自分に自信がある人が少なくないのです。すなわち自分がヘアやメイク、ファッションに時間やお金を掛けなくても、「そのままの自分で周囲に受け止めてもらえる」と思っているケースもあれば、「自分はヘアやメイクに手を掛けなくても、十分にキレイ」と思っている場合もあります。

Aさんは、メイクオーバーが瞬間芸で終わってしまったタイプと言えますが、たとえ逆切れしていたとは言え、「どうして自分の写真を見て会いたいと言ってきた男性に、最初から直接繋いでくれなかったのか?」と言って来たところからお察しして、かなり自分に自信がある方だと思われます。

その一方で日頃はキレイにメイクをして、ヘアをきちんと整えて、ファッションにも気を配っている女性というのは、メイクをしていないと人前に出られないと思っていたり、ヘアが上手く纏まらない日は消極的になったりと、容姿を気にして、自信が簡単に揺らいだりするケースが多いのものです。だからこそ、容姿に気を配って時間やお金を掛ける訳で、そういう努力をしている人のほうが、エイジングも穏やかですし、年齢を重ねても華やかさを失わないケースが多いというのが私の見解です。

ヘアやメイク、ファッションへの気遣いは相手に対する気配りであり、向上心です

男性の立場からすればスッピンで自信に満ちた女性よりも、ヘア&メイク、ファッションに気を配って、女性らしさや華やかさが感じられるほうを好むのは当然と言えます。男性というのは女性が美人であろうと、なかろうと、その女性に視覚的に惹かれない限り、恋愛対象として考えることはありません。

友達関係や仕事関係など、恋愛感情が入り込まない男女間においても女性が持って生まれたルックスのレベルに関わらず、容姿や身なりに気を遣っていることは、男性に好感を持たれる要因になります。それほど男性はビジュアル系の生き物と言って過言ではないのです。

それと私が男性だったら、初めて会う日に女性がメイクもせずに現れたら、交際が始まって遠慮がなくなってきたら一体どこまで女性が身なりや外観に構わなくなるかと考えただけで恐ろしくなります。イケメン男性が「僕はもうちょっと身なりに気を遣う女性のほうが良いんだよね」とおっしゃったとのことですが、これは外観だけでなくメンタリティの意味も含まれているように思います。ヘアやメイク、ファッションに気を遣っている女性というのは、自分のキレイな姿、より良い自分を見て欲しいと思っている訳で、それは見方を変えれば相手に対する気配りであり、向上心でもあるのです。

容姿に構わないでそのままの自分を押し出すというのは、「気取りがない」と考えることも出来ますが、手間も材料費も掛けないで「これが私が作る料理だから」と言いながら食事を出すようなものです。そんな状況では食欲もわきませんし、食事の楽しみも全く味わうことが出来ません。ですからそんな女性とデートをしたがる男性がいなくても不思議ではないと思うのです。

私の見解ではAさんに彼氏が出来ないのは、外観に気を遣わないからというよりも、そうした「自分は自分のままで良い」という考えを曲げない柔軟性のなさ、すなわち頑固さが災いしてるように思います。男性というのは、ビジュアルで簡単に惹かれる一方で、そういう柔軟性のなさや頑固さを嗅ぎ分ける嗅覚も持っているので、たとえAさんがばっちりメイクをして、ヘアを完璧にブローして、Cさんが貸してあげたドレスとシューズで登場して、最初の出会いを無難に乗り越えたとしても、その後は上手くは行かなかったように思います。

余計な親切は問題を生み出します

頑固な人というのは、自分が守り続けているポリシーや主張が正しいと思うあまり、周囲の言葉や、周囲からの扱いを自分本位にしか解釈しない傾向にあります。

例えば女性に「メイクをするとキレイ」といえば、「メイクをしていない時は、そうでもない」という真意が皮肉交じりに聞こえてくるものですが、「メイクをするとキレイ」と言われたAさんは、「既にキレイな自分が、メイクをしてもキレイ」と解釈していたように思います。また、〝まずはCさんの紹介で会ってみる〟というデート以前の段階で、Aさんが既に「真剣に付き合うかもしれない人」と考えていたことも、結婚を前提にした出会いにまで拡大解釈をしていたような印象を受けました。

したがって、Cさんがどんなアプローチでお友達にアドバイスしたところで、Aさんはそれを自分に良いようにしか解釈しないだけでなく、曲解することさえ見込まれます。正直なところいただいたメールからは、Cさんがあえて気分が悪くなるリスクを冒してまでアドバイスをする価値があるお友達であると、Aさんのことを考えている印象は受けませんでした。

私も人に対する親切が仇になって返って来たことは何度かありますが、その苦い経験の共通点は好意や親切に有り難味を見出さない人、人に親切にする事がそう簡単な事ではないと理解していない人に対して一生懸命に親切にしていたということでした。

私がそのことを人にアドバイスする時に使う表現が、「コンクリートに植えた種は生えてこない」というものです。人に親切にすることは大切ですが相手に親切という種を植えて、それが自分の満足感や友情という形で育っていくためには、その相手がコンクリートではなく土でなければならないというのがその意味です。その土はよく肥えた、水はけの良い土であれば尚のこと豊作が見込めることになります。

メールに書いて下さったCさんの様々な親切と、それを省みないAさんの逆切れの様子、被害妄想的なリアクションから判断した限りでは、残念ながらAさんはコンクリートと判断するのが妥当です。Cさんの優しい気持ちは素晴らしいと思うのですが、それは相応しい相手を見つけて行うべきなのです。「こんなに良くしてあげたのに」という不本意な気持ちをAさんに対して既に抱いているのですから、それ以上のことをしようとするのは間違いです。メイクオーバーをしてあげたところで止めておけば良かったところを、イケメンに紹介するという一歩余計な親切をしたことがAさんの現在の問題に繋がったことをよく自覚して、さらに余計な一歩を踏み出さないようにしなければなりません。したがってお友達には特にアドバイスをする必要はないというのが私の意見です。

また実際に会って、服とシューズを返してもらわなくても、宅配便という便利なものが世の中に存在するのですから、Aさんに送り返していただくので良いように思います。

バックストーリー

メイクを全くしないのは「ルックスに手を掛けていない」と見なされる傾向にありますが、ある程度の年齢になるとメイクをし過ぎるよりも、メイクを殆どしないほうが若く見えるケースが多いのが実情です。またここ数年、欧米のセレブリティの間ではファンデーションを使用せずに、美肌を誇る様子がステータス・シンボルにもなっています。ですからメイクをすることよりも、自分の魅力を知ってベストに見せることのほうが大切なのだと思います。

それとは別に、近年ではYouTube上のメイクのチュートリアル・ビデオを見て、女性が美しく化ける（?）様子を恐ろしく思ったり、〝詐欺〟だと思う男性は決して少なくないようです。反面、日頃はナチュラル・メイクの女性が、フォーマル・オケージョン等で美しいメイクをして、日頃とは違うセクシーさや大人の女性としての存在感を演出するのは男性に大いに歓迎されるものです。

したがってメイクをした顔が美しいサプライズになるほうが、メイクを洗い流した顔が失望のサプライズになるよりもベターということですが、こうしたジャッジメントは女性だけでなく、男性に対しても違う形で行われています。

貧乏かと思って付き合い出した相手が、意外にも投資で儲けるなどして資産家だった場合は女性にとっては嬉しいサプライズですが、資産家だと思って付き合いだした男性が実はケチで、見せ金しかない貧乏だった場合は失望のサプライズとなります。そう考えると、表面的なルックスや経済状態が、如何に人間の本質を見極める妨げになっているかが良く分かるかと思います。

Q.20 デート相手を断る理由は外観？人柄？

LOOKS OR PERSONALITY

秋山さん、初めまして。

もう何年も秋山さんの「キャッチ・オブ・ザ・ウィーク」のコラムを読み続けてきた男性読者です。

このコーナーも、女性の悩みがよく分かって勉強になってます。半年くらい前には、会社の女性の同僚にこのコーナーで出てきたような悩みというか、愚痴を聞かされたので、秋山さんの文章のウケウリで、アドバイスをしたらスゴく尊敬されました。

男性の悩み相談にも乗ってもらえるか分かりませんが、先週のアドバイス（〝男性に会うのだからメイクくらいはしないと／Put Some Make up On!〟）の中に出てきた話が自分の悩みに似ていたので、メールしました。

少し前に、仲が良い友達の奥さんに立て続けに3人の女性を紹介されました。

恥ずかしながら今、30代半ばにしてバツイチの独身なので、早く次の結婚相手を探したほうが良いと思われているみたいで、その奥さんの職場の女性とか、大学時代の友達とかを紹介してくれました。その女性達はみんなオシャレな服装で、先週秋山さんに相談していた人の友達みたいに化粧なしで現れたりすることはなかったんですが、3人とも一目見て　ピンと来ないっていうか、自分が付き合いたいと思うタイプではありませんでした。

別にきれいじゃないという訳じゃなくて、そのうちの1人はかなり美人だったと思います。バツイチなのに贅沢かもしれませんが、好きになれるタイプじゃなかったんです。

3人ともきちんとした感じで、それぞれに趣味があって、そのうちの1人の女性とはお互いの趣味である旅行の話で盛り上がったりもしました。でも友達の奥さんからは、「3人とも結婚相手を探している」と言われていたので、付き合ったら将来的に結婚を考えなければならないかと思うと、そういう気持ちになれない女性ばかりでした。離婚はしたものの、別れた妻に初めて会った時は第一印象で運命的な出会いをしたという感じだったので、それに比べると、物足りないというかしっくりしない印象でした。一度失敗しているだけに、「次はよほど上手くやっていける自信が持てる相手でない限りは、結婚したくない」というのが本音です。

それで友達の奥さんには「何となく見た感じでピンと来ない」と言って断わりましたが、そのせいで友達の奥さんには「外観にこだわって相手を選んでいて、人柄を考えない」タイプだと思われてしまい、「だから結婚に失敗した」と言われてしまいました。

それを言われたのは3人目を断ろうとした時だったんですが、その時に

「相手の女性も自分を好きとは思えない」と言ったら、相手は自分を気に入ってくれたそうで、そのまま説得されて「お互いをよく知る目的」で数回デートをすることになりました。

その後、映画に行ったり、レストランに行ったりして、そこそこ一緒に時間を過ごしたんですが、第一印象が変わることはなくて、一緒にいて楽しい時もあるんですが、気を遣うこともあって、2回目のデートくらいから、頑固っていうか、自己主張とか、自分の考えを押し付けてくるところも少しずつ気になってきていました。たいした事じゃないんですが言葉の端はしにそういう雰囲気があって「遠慮がない間柄になったら大変だろうな」と思うこともありました。

それで相手の女性には「これ以上デートしても、進展があるとは思えない」と正直に話したんですが、そしたら「最初から気が無かったのに、何度もデートして気を持たせるなんて酷い」と言われました。友達の奥さんには「相手の人柄を知ってから断れ」と言われて、肝心のデート相手には「最初からピンと来なかったのなら何でデートしたのか？」となじられた側としては「女性は理解に苦しむ」としか言い様がありませんでした。

そう思っていた最中に秋山さんが「男性は視覚的に惹かれない女性を恋愛対象にはできない」と言い切っていたのを読んで、こういう事が分かる女性もいるのかと思って正直ホッとしました。それと「女性の頑固さが男性を遠ざけてる」という部分も、数回デートした相手と驚くほどマッチして、自分が第一印象で嗅ぎ分けていた〝何となく好きになれない部分〟は、コレだったのか！とさえ思って、何となく頭の中がスッキリする思いでした。

そこで秋山さんに相談したいのは、今後また女性に紹介されて気に入らなかった場合、どうやって断るのが女性にウケが良いのかということです。このまま断り続けていると、女性の敵になっちゃいそうで恐れてます。アドバイスしてもらえると助かります。

これからも男性ファンとして応援していますので、頑張ってください。
（H）

ADV

早い段階での意思表示は正しい選択です

男性からご相談をいただいたのは初めてなので嬉しいです。

私の考えではHさんの最初のアプローチ、「すなわち最初に会った段階でピンと来なかった」ということで、それをはっきり伝えたことは正しかったと思います。特に相手の女性が結婚相手を望んでいる場合は、早い段階で意思表示をしたほうが相手が時間や労力を無駄にせずに済む分、親切だと思います。

でもお断りする際に「見た目でピンと来なかった」という表現は、確かにあまり女性にウケが良くないかもしれません。以前のこのコーナーに書いた通り、私は「男性は相手が美人であっても、なくても、外観に惹かれない限りは、その女性と恋愛関係になることはない」と考えていますが、お友達の奥様のように、それを「外観だけで相手を選ぶ」という風に解釈してしまう女性もいるのです。

私の考えでは、むしろたった一度会っただけの相手に対して「性格が合わない」「価値観が違う」等、人間性についてのコメントをしてお断りするほうが遥かに失礼だと思います。というのは外観については女性はヘアやメイクで変わるとは言え、見た状態が判断基準な訳ですが、人柄や人間性というのは上辺では判断することが出来ませんし、一度会っただけでは分からない部分が殆どです。にもかかわらず一度会った印象で既に人柄を把握しているようなことを言うほうが、相手の人間性の奥行きを考えずに、勝手な思い込みで判断するという失礼な行為として受け取れます。

アメリカでは、肌の色から始まって目や髪の毛の色、体型など、ルックスのバラエティが幅広いだけでなく、個人の好みも多様化しているので、外観を見て「She is not my type（彼女は自分の好みのタイプじゃない）」というのは、決して失礼なコメントではありません。それは個人の好みが一般的なルックスの良し悪しの基準にはなり得ないことを理解しているからこそ、受け入れられるコメントです。

「I'm not your type」とお互いに言い合っている男女が、良い友達同士というケースは非常に多いですし、アメリカではブラインド・デート（日本で言うお見合い）で出会った男女が、恋愛の対象にはならなくてもお互いに話が合って、楽しい時間を過ごせたので、その後は友達付き合いをするケースは少なくありません。

アメリカにおいて第一印象で相手と恋愛関係に発展するか、しないかをジャッジするポイントが〝ケミストリー〟〝スパーク〟と呼ばれるものです。これはお互いが共に感じる親密感や何となくしっくりくる共鳴感、一緒にいる時の双方の気分の高揚を意味します。

それが感じられない相手でも「友達にならなれる」とお互いが思えば、友達付き合いをしながら、相手をそれぞれの友達に紹介するという広がりが出てきます。私の考えでは結婚だけに絞って相手を選ぶより、相手との相性で、「恋愛対象になるか」「友達になるか」といった選択肢のあるマッチ・メイキングをしたほうが、上手く行く場合でも、行かない場合でも何らかの実りがあるように思えます。

でもHさんの場合は、お友達の奥様や、奥様が紹介してくれる女性たちのマインド・セッティングが婚活モードのようなので、友達付き合いのオプションは排除して、きちんとお断りするのがベストだと思われます。

表現さえ工夫すれば、お断りが問題になることはありません

お断りをする場合は、Hさんが数回デートをした女性がおっしゃる通り、最初から駄目だと思う相手とデートを続けた後で断るほうがお互いをよく相手を知らない段階で断るよりも悪い印象を与えます。

1度会っただけの相手だったら、女性側は断られてもさほどショックではありませんが、数回デートしてからお断りした場合、「見た目でピンと来な

かったけれど、さらに人柄でもピンと来なかった」というメッセージにもなりかねませんので、女性側がHさんを気に入っていた場合は相手の傷口を深くするだけです。

断る理由については「見た目」という言葉は使わず、「会った印象」のようにルックスだけを意味する訳ではない言葉を使うほうが適切です。

例えば「良い友達にはなれると思うけれど、自分の結婚相手になるような予感やひらめきがなかった」というような表現であれば、相手の人間性を「友達になれる相手」として評価しながら、自分の結婚相手という特定のポジションに限定してお断りすることになるので、決して悪い印象は与えないと思います。また相手の気持ちや状況によっては、そこから本当にお友達になれる場合もあるかと思います。

いずれにしても、既に2回お断りをしても、3人目の女性を紹介されるのですから、Hさんはとても魅力ある男性なのだとお察しします。

ですので少し表現さえ工夫をすれば、デート相手のお断りが続いても女性の敵になる心配は全く無用かと思います。

むしろお断りが続くことは、本命が現れた場合には有利に働きます。「今まで何人も女性を紹介してきたけれど、彼が興味を示したのは貴方が初めて」などと言われたら、どんなに日頃から男性にモテている女性でも、気分が良くなってHさんに対する興味が益々わくはずです。

お友達でも、恋愛相手でも、Hさんに素晴らしい出会いがあることをお祈りしています。

バックストーリー

ニューヨークでは誰に紹介された場合でも1～2回デートしただけで、それ以上会わない理由を明らかにする事無く、そのまま連絡を絶ってフェイドアウトするというケースは非常に一般的です。ニューヨークという街のシングル・シーンが活発なので、お互いに他の出会いが望めるということも、そんなフェイドアウトがまかり通る理由になっているのかもしれません。またプロのマッチ・メイカーでない限りは、紹介した2人がその後どうなっているかのフォローアップを逐一されることもありません。

ご相談者、Hさんの状況を思うと、ニューヨークのシングル・シーンのほうが遥かに簡単で合理的という印象を受けますが、その分、結婚を考えるような真剣な相手を探すのが難しいと言えるかもしれません。逆に結婚願望のないシングル、特にそれが財産がある男性の場合には、ニューヨークほど恋愛事情が良い街はないと言えるでしょう。

Q.21 ウェディング・ドレス・ストレス

DUMPED BY YOUR GIRLFRIEND

初めまして、つい最近友人に教えてもらって、このサイトの存在を知りました。以来、秋山さんのコラムのバックナンバーを読み漁り、このコーナーも全て読ませていただいて、すっかりファンになってしまいました。実はこのサイトを友達が教えてくれたのは、私が直面している問題を「秋山さんに相談してみては？」と勧められたためで、どうしようかと迷っていたのですが、やはりご相談したいと思ってメールをしています。

実はもう直ぐ結婚することになっています。

結婚が決まった時に、母から「自分が着用したウェディング・ドレスを直して着て欲しい」と言われました。私と若い頃の母はほぼ体型が一緒なのと、ウェディング・ドレスは買っても、借りても高いので、最初は良いアイデアだと思ったのですが、いざお直しに持っていったら、内側に思っていた以上に傷みや変色があって、結婚式の最中に破けたり、裂けたりを心配をせずに着用出来るようにするにはかなりのお直し代が掛ることが判明して、それは母が全額払ってくれることになりました。

その話を友達にしたところ「それだけのお直し代があれば、新品のドレスが購入できる」と言われてしまい、友達と一緒にドレスを観に行ったお店で、そのうちの1枚に一目惚れしてしまいました。しかもその時に買えば割引があって、母のドレスのお直し代よりも安かったのでのです。

私は理想のドレスに出会ったという興奮で思わずそのドレスを買ってしまい、今はお店に預かってもらっています。結婚相手の彼も「私が選んだドレスのほうがずっと良い」と言っていて、母のドレスは彼も「悪くはないけど、ちょっと古臭いドレスだな」と思っていたそうでした。私も最初は大好きな母の気持ちを尊重して、母のドレスを着ようと決めましたが、自分が本当に着たいドレスに出会って、実は自分が無理をして妥協していたことに気付きました。でも母とは別々に暮らしていますので、母はそんなことになっているのは知りません。

当日になって、自分が思っていたドレスを着ないで私が花嫁として現れたら、母は怒って、取り乱してしまうかもしれないと思うので、前もって話さなければと思うのですが、母は私がそのドレスを着用するのを楽しみにしている様子なので、どうしても切り出すことが出来ません。それにこんなことを言うのはお恥ずかしいのですが、私がドレスを買ってしまったのは、母がドレスの直し代として払ってくれるお金が入ってくることを見込んでいたためで、自分でドレス代を払うのは今の状態では無理なのです。

何度も話そうとしたのですが、母にとっては母娘が同じドレスを着て結婚式を挙げるということにとても意味があるらしく、この場合、どうやって母に打ち明ければ角が立たず、理解してもらえるかで悩んでいます。私は一人娘で、あとは弟がいるだけなので、母のドレスを着て結婚できるのは私しかいません。友達には、「ドレスの傷みが激しくて、着られるコンディションにならない」と言い訳するように言われましたが、ドレスをきちんと直せることが分かって、お直し代を払ってもらえることになったので、その手は使えません。

買ってしまったドレスは、丈を直していないので、今なら返品が出来るようなのですがしたくありません。母のドレスは、もし着用するのならそろそろお直しのお金を入金して、作業に取り掛かってもらわなければならない時期になっているので、母に打ち明けるのならば、タイミング的には母からお直し代を受け取ってから「お直しをする必要がなくなった」と伝えることになると思いますが、どう説明するのが良いのか分かりません。だんだん日が迫ってきているので、早めにお知恵を拝借できたら嬉しいです。

勝手ですが、よろしくお願いします。

（J）

ADV.

お金が絡む時は
正直がベスト・ポリシーです

まずは、ご結婚おめでとうございます。加えてご自分が本当に着たいと思うドレスが見つかったことも、とても良かったと思います。

そのドレスのことをお母様に理解していただいた上で、心から祝福してもらうためには、言い訳やタクティックなどなしに、きちんと全てを包み隠すことなくお話することがこれまで愛情をかけて育てて貰った娘としての義務だと思いますし、それは出来る限り早い段階で実践しなければなりません。

Jさんのメールを読んだ印象では、ドレスを買ってしまった成り行きまでは、何1つお母様に話して悪い事はないと感じました。でもどうやって話すべきか考えているうちに、Jさんに策略めいた考えが出てきた様子には残念な思いをしましたし、どんなに上手く言い訳をしようとお母様はそれを必ず察知すると私は断言します。お母様にしてみればご自分のドレスをJさんが着用しないことよりも、Jさんがドレスについてお母様に本当のことを早い段階で相談せず、それでもドレス代は払って欲しいと思って、説得法やタイミングを見計らっていることのほうがよほど失望に価する事だと思います。

私が〝策略めいた〟と指摘するのは、ドレスのお直し代をお母様にいただいてから、「既に別のドレスを買ってあって、お母様のドレスを着用する意志がないこと」を打ち明けようとしている部分です。恐らくJさんは、お母様が自分のドレスを着ないことを知ったら、気分を害してドレスの支払いに当てようとしていたお直し代を支払ってくれなくなることを危惧して、先にお金を受け取ってから説得しようと考えているものと思います。ですが最初から異なる用途に使うと知りつつお金を受け取るというのは、投資目的で集めたお金を使い込むようなもので、他人同士の取引だったら、詐欺と言われても仕方がない行為です。

したがってJさんがお金を受け取ってから一部始終を説明した場合、お母様が「欺かれた」という気持ちになっても不思議ではないと思います。

マーク・トウェインの語録の中に〝Honesty is the best policy,when there is money in it〟すなわち「お金が絡む時は正直がベスト・ポリシー」というものがありますが、私もまさにその通りだと思います。

たとえ親子でもお金のやり取りが絡むことは、最初から正直に全てをクリアにすることが一番なのです。

ですからお母様に全てをお話するのは、ドレス代を受け取る前で、Jさんが購入したドレスが未だ返品可能な段階が筋だと思いますし、その上で新しいドレスをお母様に見ていただいて、お直し代をドレスの購入に充てても良いかを打診するのが正しい真摯なプロセスです。

お母様のドレスを着て写真撮影を

アメリカでも自分のドレスを娘に着用させたいという母親がいますが、実際にはJさんがメールに書いていらしたように、年月が経つと素材が傷みますので、完璧にお直しをしたところで、式の最中に脇の下や背中が破けてしまうというトラブルも起こるようです。結婚式ではただでさえ花嫁が緊張するので、そんな時にドレスが裂けるようなトラブルがあったら、パニックに陥って、一生に一度の幸せな日が台無しになってしまいます。またそれが起こらなかったとしても、ドレスがデリケートな状態である場合、それにダメージを与えないように気遣って着用していたら、せっかくのウェディングを楽しんで、満喫することが出来ません。

たとえ、お直しを担当する方が「きちんと直せる」と保証しても、〝ドレスとしてきちんと直った状態〟と、〝それをJさんが着用して動いても支障がない状態〟というのは別物です。特に一生に一度の大イベントの日というのは、何が起こっても不思議ではない日であったりもしますので、予期されるリスクは抱えないのが一番なのです。

ですから本当のことをお話ししながら、そんなリスクもお母様にご理解いただいて、Jさんが一目惚れしたドレスをまずは見ていただくこと、そして「お母様の承認と祝福を得て、それを着用したい」というJさんの気持ちをきちんとお話することをお薦めします。それを支払っていただけるかの話はそれからです。

もしJさんの良心が咎める場合は、お母様のドレスを着用して写真撮影だけでも行うことをお薦めします。これはウェディング当日の忙しい中でする必要はありません。式の数日前などに当日の写真撮影のカメラテストのつもりで、プロのフォトグラファーでなくても、ご家族に撮影していただければ良いと思います。新郎がいなくても、お母様と2人で写真に写るだけで十分良い思い出になると思います。

こんなエピソードがあったのなら尚の事、何年もが経過してその写真を見た時に、この時のことを懐かしく思い出すはずです。さらに将来お子さんが出来た場合には、そのドレスのエピソードを写真を見ながら話してあげることが出来れば、お子さんも「親子の間ではお互いに正直であることが大切」

と学び取ってくれると思います。

Have a Happy Wedding！　お幸せに！

バックストーリー

私がこれまでに出席した中で、最も新郎新婦の年齢が高かったのは、カップル共に70歳を過ぎたウェディングで、私は新郎の息子さんの友達だったので、彼のウェディング・デートとして出席しました。新郎にとっては2度目、新婦にとっては3度目の結婚で、ウェディング自体はゲストが僅か60人ほどの小規模なもの。新郎はタキシードではなく、普通のダーク・スーツを着用していました。

でも新婦はクリーム色の一目見てデザイナー物と分る素敵なスーツを着用していて、とてもモダンでファッショナブルでした。聞けば、娘さんがサンローランの常連客で、ブティックで見つけたスーツを新婦のために選んだとのことで、ウェディングを全て取り仕切っていたのも娘さんでした。「この年齢になると親子の立場がこういう形でも逆転するものか……」と思ったのを憶えています。

　この時新婦は、クリーム色のネットだけをヘッドピースにつけていましたが、それが白髪にマッチしてとても綺麗だと思ったこともよく憶えています。やはりウェディングは花嫁が年齢に関係なく素敵に登場するのが、祝福のために集まってくれたゲストへの感謝のマナーのように思う次第です。

Q.22 長い友達が出来ないのはどうして？

I DON'T HAVE A LONG TIME FRIEND...

秋山曜子様、

２００４年くらいから、ずっと「キャッチ・オブ・ザ・ウィーク」のコラムを読み続けています。このコーナーも、私が悩むようなことを相談している読者の人たちと、それに対する秋山さんのアドバイスがとっても参考になっています。

私も、ずっと長く悩み続けていた問題があって、それをご相談したいと思ってメールしました。

秋山さんが過去に何度か「キャッチ・オブ・ザ・ウィーク」のコラムで、

「長い友達がいない人は、あまり信用が出来ない」というような内容を書いていたのを覚えているのですが、私には長い友達がいません。というか出来ません。

小さい頃からバレエを習っていたのでそのお稽古で忙しく、学校が終わってからもあまり友達と遊ぶ時間がなかったので、子供時代から親友と呼べる人がいませんでした。

それ以降も一時的に特定の友達と仲良くなることはあっても、友達関係が3年くらいすると途絶えてしまったり、酷い時には絶交状態になってしまいます。だからと言って友達が少ない訳ではないと思います。いつも映画に行ったり、食事に行ったりするような交友関係には困りません。人を紹介されることも多いです。外出のスケジュールは埋まっていることが多いですし、私のことを社交的で、友達が多いと思っている人が殆どです。

それでも何かがあった時に相談できるような長い付き合いの友達や、10年くらい前のことを思い出したり、懐かしんだりするような友達がいないんです。

そうなってしまうのには、毎回それなりの原因があります。実は3ヶ月くらい前に、それまで3年くらい仲良くしてきた友達に絶交されました。私から見れば、友達が勝手に誤解しているところもあるのですが、その問題を話している時は私も頭に来て、売り言葉に買い言葉で酷いことを言ってしまいました。

その友達とのことを誤解されたくないので別の友達に相談して、私達が絶交した理由を分かってもらおうとしたのですが、それがまた友達には気に食わなかったようで「2度と顔も見たくない」というメールが来ました。

そのメールには私が嫉妬深くて「自分より幸せな人間を見ると頭に来る」とか書いてありましたが、それは違います。私は友達が幸せそうにしていたら、羨ましいと思ったり、僻んだりするよりも、「自分はもっと幸せになれるから大丈夫」って自分に言い聞かせるタイプです。むしろ彼女のほうが、「私のほうが男性にモテる」とか「私のほうが周囲の注目を集める」とか、いつもひがみっぽいことを言っていました。

こんな風に、身に覚えのない批判をされて友達関係がダメになったことは、これまでにも何度かありました。どうしていつもこんな風になってしまうんでしょうか？

秋山さんが書いていたように「長い友達がいないことが人に信用されない理由になってしまうかもしれない」と思ったのはある男性とのデートがきっかけです。その男性とは数回２人でデートをして、あと何回かは友達を交えて会いました。その時に男性の友達が私の友達に「彼女には親友って言えるような、長い付き合いの友達がいないのか？」と言っていたらしいんです。

そしてそのほぼ直後にその男性との仲もダメになってしまいました。

久々に見た目も、バックグラウンドも気に入った男性だったのでかなりショックで、以来、長い付き合いの友達や親友がいないことを、真剣に悩み始めました。

人に相談すると、私が「未だ親友になれるタイプの人と出会っていないからだ」と慰められる事が多いのですが、私の年齢で長い付き合いの友達や、親友と呼べる友達がいないというのは、かなり珍しいのは自覚しています。それに私はいろんな人に出会ったり、紹介される機会は人より多いと思っています。

なのにどうして長い付き合いの友達が出来ないのか……。理由が分からないというよりも、どうしていつも何かしらのトラブルがあって、友達関係がダメになるのかが分からないという感じです。

何か秋山さんにアドバイスをしていただけたらと思います。よろしくお願いします。

（T）

ADV

長い友達の存在は信頼できる人柄を意味します

Tさんがメールに書いて下さったように「長い付き合いの友達がいるか?」ということは、確かに私の中では人格を判断する1つの指針になっています。一時的に仲たがいをしたり、疎遠になることがあったとしても、長く友達でいられる人というのは情に厚く、信頼できて、正義感と道徳心を持ち合わせている人です。特に私にとって信頼は人間関係においてとても大切です。

これまでの個人的な経験から言うと、長い友達がいない人は、「恩を仇で返す人」「自分の身を守るためにウソをつく人」「競争心、嫉妬心が強く、人の幸せを喜べない人」「友達を平気で裏切れる人」ばかりでした。もちろんこんなことをしていたら誰もが友達関係を止めてしまうのは当然の成り行きと言えますが、決して先入観からではなく、自分がこれまで様々な人間関係から身をもって学んだ経験として、「長い付き合いの友達がいない人は、要注意」というのが私の人付き合いのポリシーの1つになってきました。それと同時にこうした人たちに裏切られたり、ウソをつかれることがあっても、「この人は信頼できる友達が誰もいない気の毒な人なんだ」と思って、許すように心掛けても来ました。

だからと言って誤解せずにいただきたいのは、決してTさんを「恩を仇で返す人」「自分の身を守るためにウソをつく人」などと決め付けている訳ではありません。

今回は、いただいたご質問の内容からだけでは、ピンポイントのアドバイスをさせていただくのは難しいと判断しましたので、代わりに私が2年ほど前に友達関係を止めてしまった男友達のエピソードをご紹介したいと思います。

親友がいなかった私の〝元友達〟のケース

彼は日本で言う中学2年生になるまではホーム・スクール、すなわち自宅教育で学校に通わず、7人兄妹の長男として育ちました。外界とあまり接触がない環境であったことから、親の愛情や関心をめぐって競い合うライバル関係が兄妹間に存在する一方で、彼は長男としてのプライドや威厳を保とうという意識が人一倍強いタイプでもありました。

中学2年で公立学校に編入した彼は偏差値では天才レベルでしたが、この時初めて同じ年齢の生徒と成績を比較される経験を味わい、課外活動ではスポーツを始めて、競争率の高いポジションをプレーするためにチームメイトがライバルという状況。多感なティーン時代になってようやく同年代の友達に接した彼ですが友情を育む間もなく、学業でもスポーツでもライバル意識ばかりを煽られて、この時に身についた彼の競争心や強さは、母親にはかなりの脅威になったようでした。そのため彼は思春期に母親の愛情を殆ど受けることがありませんでした。

私が彼に出会った時、彼は25歳でしたが、それまでの人生で親友と呼べる友達もいなければ、ガールフレンドと呼べるような交際をした女性もいない状態でした。彼はルックスが良く、背も高く、スポーツも出来て、頭脳明晰、学歴も文句なしで、ファッション・センスもありましたが、にも関わらず自分が気に入った女性とは、いつも2～3回のデートでダメになってしまうこと、友達もくるくる入れ替わることをとても気にしていました。でも基本的に彼は自分に自信があったのに加えて、彼に寄って来る人々が彼のルックスや、頭の良さをオープンに賞賛することも手伝って、親友もガールフレンドも出来ない原因が自分にあるとは考えていないようでした。

私に言わせれば、条件が全て揃っているのに親友もガールフレンドも出来ない場合、人格や人の付き合い方に何らかの問題があると考えるのが普通だと思うのですが、やはり彼は幼い頃に社会と隔離されて育ったので、そう判断するような現実的な社会観を持ち合わせていないようでした。

私はそんな彼を外観や知的レベルではチャーミングかつ、興味深く思う一方で、彼が親の判断で時代に逆行する育ち方を強いられたことを気の毒に感じていました。そのため彼と出会ってから3年半ほどの間、彼に対しては親が当然教えているべきマナーから始まって、女性に対する接し方を教えてあげたり、彼が時折周囲の人に与える冷たい印象を指摘したこともあれば、デザイナー・ブランドのファッションを安く購入して、彼のワードローブをアップグレードするなど、彼が一人前の大人の男性として成長するための、ありとあらゆることをサポートしてきました。彼は中西部の出身なので、25歳にしてお寿司を食べたことがないのは仕方ないとしても、ロブスターやアボカドまで食べた事がないという不思議な家庭環境だったので、食文化に目覚めさせるのも私の役割で、そうする間はお互いを「ベスト・フレンド」と呼び合う仲でした。

私にとっては面倒を見るのが彼との〝友情関係〟でしたが、彼が男性として、人間として成長して行く様子を見ることにある種の達成感や満足感を抱いていたので、それはそれでバランスが取れた関係だったのです。

やがて訪れた〝友達関係〟の終焉

でも私の中では、徐々に「これは友情ではなく、これまで本当の友達が出来ず、誰にも愛情を掛けられたことがなかった彼のためのチャリティ」だという意識が強くなっていきました。というのも時間が経つにつれて、彼の身勝手で恩知らずな性格、競争心の強さが私の好意を踏みにじるようになっていったためで、私がしてあげたことを自分の手柄としてアピールしたり、私が教えたマナーや社交術を自分が成長期に身につけたように語る姿は、まるで自分の過去を書き替えたかのようでした。また彼は自分以外の人間の感情の動きに非常に鈍感で、人の心の読み方も間違いだらけでした。

そんな状態だったので、彼との友達関係の終盤では私は自分のことを「Care Taker／ケアテーカー」、すなわち〝彼の世話役〟と位置付けて、距離を置くように努めました。私の中で〝友達〟というものは、お互いに信頼し合って、助け合って、楽しい時間や経験をシェアする関係、お互い尊敬し合いながら、様々なインスピレーションを与え合える対等な関係を意味しますが、私にとっての彼との関係はそれとは程遠い、一方的に面倒を見て、全く感謝されないだけの仲になっていたのです。

でもそんなアンバランスな関係にあっても、彼にとって私は〝親友〟であったのです。そのことからも如何に彼が友達というコンセプトを理解していないかが窺い知れましたし、だからこそ親友が出来ないことが痛々しいほどに伝わってきました。

やがて私の中の彼に対する不満や失望が、同情や彼を助けたい気持ちを超えてどんどん膨らんで行って、「もう彼の面倒を見るのは限界」と思った時に、私達の〝友達関係〟が終焉しました。この時、私ははっきりと、友達が出来ないのは彼が自分に良くしてくれる人達を踏みにじってきたからだと言いましたし、彼がそれを改めない限りは、一生親友も出来なければ、心から愛してくれる女性と結ばれることもないと断言しました。

これに近いことは、それまでの3年間半の間にも何度となく彼に忠告してきましたが、これほどストレートに言ったのは「彼とはもう会わなくても構わない」と思ったためでした。

でも、これは彼への忠告ではなく、自分の気持ちにピリオドを打つために言ったことで、この時に「もう彼の面倒をみる必要はない」という気持ちをはっきり自覚したのを覚えています。事実、彼はそんなことを言われたところで、自分に問題があると認めるタイプではありませんし、もしそんなに簡単に問題を認める柔軟さがあれば、親友やガールフレンドの1人や2人はいたと思うのです。

バーやラウンジで彼と電話番号を交換した女性が、2~3回のデートで彼に見切りをつけるのに、私が3年以上もの間、彼の面倒を見続けた理由が何であったかと言えば、前述のように親にも、友達にも愛情や友情を注がれたことがない彼を助けてあげたいと思ったためでした。私自身がこれまで家族や友人から受けてきたのと同じ愛情や友情を注いであげることによって、彼を変えられると信じていたのです。しかしながら私はこの経験から如何に自分が未熟で、無力で、愛情や友情のパワーを過信していたかを思い知らされて、本当に傷ついたのを覚えています。

それでも自分が正しいと思う事を出来る限りやったという点では、私は彼に対して行なった好意に後悔はしていませんし、たとえ感謝をされなくても、それを通じて沢山のことを学んだと思っています。

解決策を自分の中に見出す努力を

恐らくこのストーリーは、彼に語らせたら、全く異なるものになると思います。

反面、私が親友と呼ぶ友達と私の関係は、私が語っても、友達が語っても話が全く食い違うことはないものと確信しています。本当の親友と、一時的に親友と思い込んでいた（思い込まれていた）人物との違いというのはそういうものだと思います。

これはアドバイスではなく、あくまで私個人が経験したエピソードですが、今後、もしまたお友達が離れて行くことがあったら、このエピソードを再び読み返していただきたいと思います。長年の友達、親友が出来ないと悩む人には、それぞれ異なる理由や、成長の背景があります。でも最終的には、友達とお互いに同じレベルと次元で友情、信頼、敬意を抱くことが出来るかということなのです。

最後に、このコーナーで何度か書いているように、私の母はプロで占い師をしていましたが、その母に言わせると「長い付き合いの友達がいない人というのは、長い友達が出来ない星を持っているもの」だそうです。「長い友達が出来ない星」というのは、実際にそういう暗示の星が存在するのではなく、競争心や自我の強さ、自己中心型を示す星等のコンビネーションによって、「友情が育たない＝長い付き合いの友達や親友が出来難い」と判断されるとのこと。決して「対人関係に恵まれない」運が影響している訳ではないようです。

ちなみに対人関係に恵まれない運の人には、〝人生に悪影響やデメリットをもたらす親友〟が出来るものなのです。

ですので、長年の友達がいて然るべき年齢に達していて、その友達が出来ない状況を振り返って、本当にそれを改善したいとお考えの場合は、周囲や状況を責めるよりも、その解決策をご自身の中に見出す努力をされるのが妥当だと思います。

周囲や状況はコントロールすることは出来ませんが、ご自身をコントロールすることは出来るはずです。怒りに任せた売り言葉、買い言葉の口論を我慢していたら、3ヶ月前に絶交されたお友達との関係も救えたかもしれないのですから、まずはご自身＝自我のコントロールから心掛けることをお薦めします。

バックストーリー

私にとって一番長い友達は、学校時代からの友達になります。今も日本に一時帰国する度にそんな友人達に会いますが、一緒に成長期を過ごした仲間というのは、日本を離れて外国に暮らしている私には、自分のルーツに戻れる貴重な存在です。それと同時に、恐らく私という人間を一番良く知っていると思うのが学生時代からの友達です。当時は口に出さなくても、お互いをとても良く見ていたことは、大人になってクラス会などで再会した時の会話から悟ったことです。

長い友達の素晴らしい点は、会う度に時間を飛び越えて一緒に過ごした思い出に戻れることで、不思議なことに遡る時間が長ければ長いほど、思い出は鮮明であったりします。それは大人になるにつれて雑多な物事に時間や神経を奪われて、出来事を記憶としてしっかり刻み付けるエネルギーやパワーが欠落してくるためです。成長期は小さな出来事の精神的インパクトが大きく、そのことに神経が注がれていたので、誰にとっても大人になってからの5年間とティーンエイジャーの頃の5年間を比べると、思い出の量は全く異なります。

だからこそ楽しかったこと、つらかったことも含めて自分の様々な思い出をシェア出来る学生時代の友達の存在は特別なのだと思いますし、この先、年齢を重ねれば重ねるほど、その存在がもっと大切になっていくものと思っています。

Q.23 いびきが原因で憧れた女性と別れる場合

SNORING = DEAL BREAKER

少し前に男性が相談していたのを読んで、秋山さんが男性の質問にも答えてくれることを知ったのでメールしています。

良かったらアドバイスしてください。

過去2ヶ月ほど年上の女性と付き合っています。自分より結構上ですが、美人で「セクシーっていうのはこういう女性のことを言うんだ」っていう感じの色気があって、最初は自分なんて若過ぎて相手にしてもらえないかと思ったんでただの憧れの対象だったんですが、意外な展開で付き合うことになりました。女性の年齢を言うと皆「そんな上の人で大丈夫？」とか言うんですが、会ってみると美人だし魅力があるので、皆納得してくれる感じで、過去2ヶ月はとっても上手く行っていました。

問題というか、秋山さんに相談したい事が起こったのは、先週その年上の女性が初めて自分の家に泊まった時のことです。今まではお互いの家に行って夜遅くなった場合でも泊まらずに帰っていたんですが、その日は成り行きで女性が泊まることになりました。

こんな大人の女性と、もうそんな関係になれたかと、内心はウキウキだったんですが、夜中に猛獣が吠えているような音で目が覚めました。最初はどこかから猛犬が家に入り込んだのかと思いましたが、何とそれは女性のいびきでした。決して冗談とか、大袈裟に書いているんじゃなくて、本当に人間のいびきとは思えないような吠え声のようないびきで、あんなキレイな人がこんないびきをかくっていうショックもあったんですが、それよりもどうして同じ人間がこんないびきをかけるのかがショックでした。いびきと分かるようないびきだったら、人間なんだから仕方ないと思えたかもしれません。でも、あのいびきは凄すぎました。

そのショックで、すっかりその年上の女性に対する気持ちが変わってしまいました。友達は「相手がいびきをかくのを承知で結婚する人は沢山いる」といって、「そんな事くらいで憧れてた女性と別れるなんて馬鹿げている」と言いますが、あのいびきの後では同じ気持ちになれません。キレイで憧れていたから尚のことです。

以来何となく関係がギクシャクしてしまい、それは女性も感じているのか、泊まった数日後に「私、いびきかいてた？」と訊かれたんですが、なんて答えて良いか分からなかったので、聞こえないふりをして話をそらしました。自分でも何度も「こんなきれいな人と、いびきくらいで別れるなんて」と、思い直そうともしましたが、どうしてもダメで、今ではあんなきれいな人が独身なのは、このいびきのせいかもしれないとさえ考えています。友達は「いびきを防ぐ鼻に貼り付けるテープとか、いびき対策をトライしてから別れるべきだ」と言いますが、冷たいようですが自分はこの女性とはダメだと思うようになりました。

それで秋山さんに相談なんですが、別れる時にいびきについて治療とかを勧めるべきなんでしょうか。その女性は自分には勿体ないくらいきれいな人なんで、いびきさえ治せば、きっと別の良い人が見つかると思うんです。でもそんな事を言って傷つけることになるなら、何も言わないで別れるべきかと……。考えていても埒が明かないので、秋山さんに是非相談してみたいと思いました。

秋山さんにも「たかだかいびきくらいで、憧れの女性と別れようとしているだらしない男」と思われるかもしれませんが、それでも何かアドバイスがもらえたらと思ってます。よろしくお願いします。アドバイスがもらえても、もらえなくても、これからも頑張ってください。このコーナー、とっても参考になってためになるので、ずっと続けてください。

（S）

ADV.

いびきはアメリカでは離婚の原因です

前回、初めて男性からご質問をいただいた際に、「男性はこんなことで悩んだりするんですね」というリアクションを女性の読者からいただきました。なので男性からのご質問は、Cube New Yorkの女性読者にとって興味深いようなので、いつでも歓迎いたします。

さてSさんのご相談につきまして。お友達は「相手がいびきをかくのを承知で結婚する人は沢山いる」という意見でしたが、少なくともアメリカには相手のいびきが原因で離婚するカップルは沢山います。いびきと共に、トイレの便座の上げ下げ、部屋の温度の好みは、離婚の原因になる日常習慣のトップ3ですので、「たかがいびき」と軽視しないほうが賢明です。

とは言ってもSさんのケースは、離婚の原因になるような「相手のいびきによる寝不足のせいで、結婚生活に嫌気が差してきた」というものではなく、女性のいびきの壮絶さにショックを受けてしまったトラウマ的ケースで、私は同様の「ある出来事がきっかけで、それまで好きだった女性に対して冷めてしまった」という男性のエピソードをかなり聞いたことがあります。「凄くおしゃれで可愛い女の子のアパートに行ったら、部屋の中が汚くて、床に下着が脱ぎ捨ててあるのを見て幻滅した」話から始まって、「服を脱いだら女性の背中に巨大なタトゥーがあって、それが我慢出来ない」という例、「女性がしょっちゅうクシャミをして、そのクシャミが鼓膜に響いて頭に来る」等、女性本人が改善出来る状況から出来ない状況まで、様々なものがありました。

どんなケースであれ、相手に興醒めしてしまった場合、恋愛感情が元通りにならないのは仕方がないことですので、私はSさんに責められるべき非があるとは思いません。

Sさんの場合、ご自分でもメールに書いていらしたように、女性に抱いていたのは恋愛感情ではなく憧れです。もしそれが恋愛感情で、Sさんが女性に夢中であった場合は別の展開になっていたかもしれませんが、憧れの対象であった場合、女性の恐ろしいまでのいびきで夢や偶像が崩れた思いをするのはごくごく自然なことだと思います。ですからSさんがいびきが原因で女性と別れても、私なら冷たいという印象は持ちませんし、お友達に何と言われようと、Sさんが必要以上にそれを気にすることはないと思います。

アドバイスよりもポジティブな別れを

女性に治療をアドバイスするべきかですが、女性が数日後にSさんにいびきについて尋ねた事からお察しして、本人は既に自分のいびきの問題を自覚しているように思います。それだけでなくSさんのところに泊まって以来、Sさんの態度が変わってしまったのが自分のいびきのせいだということにも気付いていると思います。

本人はいびきをかいている時は眠っているので、どれほど凄いかは自覚していないかもしれませんが、ひょっとしたら既に治療を受けている可能性もあるかと思います。

私の考えでは、Sさんが女性にいびきの治療をアドバイスしても良いと思われるのは、Sさんがいびきが原因では女性とは別れる意思はないものの、出来ることなら治して欲しいと思う場合のみです。その場合、Sさんの愛情がサポートになるので、女性が「いびきを治そう」というモチベーションを強くするはずです。ですが別れを言い渡すSさんが、女性の心が沈むのを承知でさらにいびきの指摘までするのは、ナイフで刺してから傷口をえぐるような行為です。

いびきや体臭、口臭といった問題は、どんなに近しい間柄の人がセンシティブなアプローチをしたところで、言われた側は少なからず傷ついたり、落ち込んだりするものです。Sさんが親切心で治療のアドバイスを考えていることはよく分かるのですが、Sさんは別れさえすれば2度とそのいびきを聞かなくても良いのですから、あえて相手の心情を傷つけるようなことを言う必要はありません。

Sさんと女性はお付き合いをして未だ2ヶ月なのですから、「相手を良く知らなかっただけ」と割り切って、できるだけ別れのプロセスを簡単に済ませること、そして「お互いに短いロマンスを楽しんだ」というポジティブなエンディングを迎えることをお薦めします。

バックストーリー

アメリカでは、伴侶やパートナーのいびきや寝返りのせいで快眠が得られないために睡眠障害を訴える人々が増えた結果、現在では夫婦が別の寝室で眠るというのがさほど珍しくなくなってきました。また新しい建物ほど夫婦がそれぞれに個人用のバス&トイレを持つケースも増えてきました。ニューヨークのコンドミニアムも高額なものになればなるほど、寝室は一緒でもその両サイドにカップルそれぞれのウォークイン・クローゼットとバス&トイレが隣接しているレイアウトが目立ちます。快眠を確保して、バス&トイレさえ自分のペースで使えた場合、カップル間の大半の問題が回避できるのは紛れもない事実なのです。

Q.24

夫に誕生日と結婚記念日を祝って貰うためには？

REMEMBER MY B-DAY&ANNIVERSARY!

Yoko Akiyama 様、

いつも、このコーナー、キャッチ・オブ・ザ・ウィーク、フェイバリット・オブ・ザ・ウィークを欠かさずに読んでいるこのサイトと秋山さんの大ファンです。

ずっとご相談しようか、迷ったのですが、勇気を出してメールをすることにしました。下らない質問で申し訳ないのですが、もしお答えをいただけたら、すごく光栄です。

結婚して5年になりますが、主人は私の誕生日や結婚記念日をいつも忘れています。

私の周囲には、ご主人がレストランの予約を取ってくれてお誕生日や結婚記念日をお祝いしたり、クリスマスにもご主人がちゃんとプレゼントをくれるようなカップルが多くて、私は友達とそういう話題になっても、何も自慢するようなエピソードがありません。

主人はそんなに細かいところまで気が付くタイプではないので仕方ないと思った時期もありました。でも、今年は私の誕生日をさりげなく言っておいたのにやっぱり忘れていて、そのせいで主人に全く構われていないような気分になって、何故か今年の誕生日は涙が出てしまいました。プレゼントを買ってくれなくても、せめて「誕生日おめでとう」くらい言って欲しいというのが私の気持ちです。決して贅沢を望んでいる訳ではありません。

友達は、ご主人にブランド物のプレゼントを頼んだらご主人が色を間違えたので、「自分で取替えに行かなければならなかった」なんて愚痴っているのですが、私はそんな様子が羨ましくてたまりません。どうしたら主人が誕生日や結婚記念日を覚えて、何かをしてくれるように出来るでしょうか？

私がこんなことを気にするのが悪いのかも知れませんが、だんだんとこんな些細な事の不満が大きくなっているのを感じています。別にそれが原因で離婚しようなどとは思いませんが、毎年、本当ならお祝いしているはずの誕生日や結婚記念日で落ち込むのはもう嫌なんです。

何かアドバイスをしていただけたらと思います。

（M）

ADV

相手に祝って欲しければ、まず自分が祝うべきです

私も10年以上前に、ヴァレンタイン・デーやアニヴァーサリー（記念日）、ホリデーを一切祝わないという主義のボーイフレンドと付き合ったことがありますが、Mさんのご主人のように忘れているのではなく、「祝わない」というポリシーを打ち出していたので、かなりの厄介者でした。

Mさんのメールを拝見していて、気になったのはMさんがご主人のバースデーには何かをして差し上げたエピソードが登場しなかったことです。もしMさんがご主人のバースデーをきちんとお祝いをしているのに、ご主人がMさんのバースデーを忘れてしまっているのであれば、涙を流しても当然だと思います。しかしながらMさんもご主人のバースデーに何もしていないというのであれば、ご主人と同罪と言えます。

ご自分のバースデーをご主人にお祝いして欲しいと思ったら、まずご主人のバースデーをお祝いして、喜んでもらうことがファースト・ステップです。ご主人は「細かいことに気付かないタイプ」とメールに書いていらっしゃいましたが、そういうご主人であるのなら、尚のことMさんが「私たち夫婦間では、誕生日はこうやってお祝いするもの」というような前例を作って、ご主人に示す必要があります。

それとは別に、ご主人が「細かいことに気が付かないタイプ」と知りつつ、Mさんがバースデーをさりげなくほのめかしただけであれば、ご主人が憶えていなくても当然のように思います。5年も夫婦関係を続けて、お互いの性格が分かっているのですから、あえて期待できない手段でアプローチをして「やっぱり駄目だった」と落ち込むのは、自虐的な行為にさえ見受けられてしまいます。

結婚記念日にしても、この日はお二人にとっての記念日なのですから、ご主人が何かをして下さるのを待たなくてもお二人で食事を計画したり、毎年記念撮影をするなど、何か心に残ることを一緒にプランすれば良いのです。メールで拝見した限りでは、Mさんは「イニシアティブを握ろうとはせずに、細かいことに気付かないご主人のアクションを待っている」という印象ですが、それでは毎回期待外れに終わってしまっても不思議ではありません。

Mさんのお友達とて、ご主人がレストランに連れて行ってくれたり、プレゼントを買ってくれたりするのは、日頃から積極的に「次の誕生日には、このブランドのコレが欲しい！」とか、「次のバースデーはあのレストランに行ってみたい！」というようなリクエストをしているからこそ、実現しているケースのほうが多いと思います。

私が知る限り、女性側が洗脳したり、教育したりすることなく、バースデーや結婚記念日を望み通りにお祝いしてくれる男性というのは、残念ながら、そうそう存在しません。この問題は、「ご主人が他の男性に比べて、何もしてくれない」というよりも、Mさんが「何の働きかけもせずに、受身であり過ぎること」に原因があるように思います。

自分で手に入れたいものがあったら、夫婦間でも職場でも、家族や友人関係でも自分からアクションを起こして、手に入れる努力をしなければなりません。待っているだけでは何も起こらなくても文句は言えないのです。

夫婦の絆のために特別なオケージョンを祝うべきです

前述の私のボーイフレンドの場合は、私が教育してユダヤ教の彼が仏教の私にクリスマス・プレゼントを持って来るまでに至りました。ちなみにユダヤ教はハヌカはお祝いしますが、クリスマスはお祝いしません。また私が仏教なのにクリスマスを祝うというのは、ユダヤ教徒やクリスチャンから見ると不思議に思えるようです。

この教育が何であったかと言えば、何ヶ月も前から誕生日やクリスマスのプレゼントを何にするかを2人で話し合ったり、どこのレストランに行くかをニューヨーク・タイムズのレビューを読んで考えたりということでしたが、もちろん私のバースデーだけでなく、彼のバースデーのプレゼントもそうやって2人で話し合って決めました。

私の考えでは、特別なオケージョンを通じてカップルが思い出を刻むことは、幸せのためよりもむしろ、2人の関係が難しくなった時を乗り切るために必要です。

どんな夫婦やカップル間にもさまざまな危機や難しい局面が必ず訪れますが、そんな時に楽しい思い出、一緒にシェア出来る思い出があればあるほど、夫婦が難関を乗り超える助けになるのです。ですからバースデーや結婚記念日、クリスマス、ヴァレンタインといったオケージョンをそんな思い出作りの機会として利用するのはカップル存続のための努力でもあります。たとえその時に喧嘩になったとしても、そんな思い出がやがて2人の間がこじれた時にお互いを許し合うきっかけになったりするものです。

夫婦間のアニヴァーサリー（結婚記念日）については、毎年何か同じことをするように習慣付けると、それが夫婦間の絆になると同時に、振り返る度に良い思い出にもなるようです。お金を掛けたり、遠くに出かけたりしなくても、記念になることを毎年するだけで良いのです。それは続けて行けば行くほど、ロマンティックで意義深い思い出になって行きますし、ブランド物のプレゼントよりもずっと価値のあるものになると思います。

私の友人夫婦は、「結婚記念日の度に初めてのデートで出かけたレストランに行く」と言っていたので、どこかと思ったらそれはニューヨークの老舗のピザ屋でした。「毎年そこで味わうピザの味が最高！」なのだそうで、お店の人にも覚えられて、毎年ファースト・ドリンクは店側のおごりだそうです。

最後に、もしご主人がお誕生日をお祝いしてくれたり、結婚記念日に何かをして下さるようになった場合には、心の底から喜びを表現して、感謝の気持ちをしっかり伝えることも忘れないでください。ギフトの貰い上手は、喜び上手な人です。贈った人が「あげて良かった！」と思うような喜び方が出来る人が、ギフトを頻繁に受け取れる人なのです。これは大袈裟に喜ぶという意味ではなく、本当にそのギフトによって幸せな気持ちになったことを正直に伝えることが大切です。

このことはご主人に対してだけでなく、Mさんに有形無形のギフトをくれる人、親切にしてくれる人、思いやりを示してくれる人達に対しても必ず実践していただきたいと思います。

バックストーリー

夫婦やカップルの関係を繋ぎとめる幸せな思い出というのは、沢山ある必要はなくて、強烈なインパクトのものが1つあるだけで大きな違いをもたらします。

私が知るカップルは、会う度に同じストーリーを持ち出してきては、その時に自分達が夫婦になった運命の話をしてくれます。周囲が暗記するほど何度も何度も語っているストーリーですが、私は「またか！」などと思ったことはなくて、常にそれを話すカップルがキュートだと思って聞いています。

本当に愛し合っているカップルというのは、そんなシンプルでキュートな絆で結ばれているのだと思います。

Q.25 フレークとの付き合い方

HOW TO DEAL WITH "FLAKE

こんにちは、

このコーナーに相談を寄せる方々同様、私も「Catch of the Week」を長年愛読してきた秋山曜子さんのファンです。毎週、質の高いコラムをありがとうございます。そしてこのコーナーや、フェイバリットも必ずチェックして、お買い物もさせていただいています。私も是非秋山さんにご相談したいことがあります。

2年くらい前に知り合ったお友達が、とにかくドタキャンが多いのです。「一緒にコンサートに行こう」とか、「レストランに行こう」という予定を立ててこちらが楽しみにしていると、前日やその日になってドタキャンをしてくることが多いのです。私だけに対してではなく、共通のお友達に対しても同じことをします。

お友達数人で食事に行く時も、皆が都合が良い日ということで前もって予定を合わせて全員参加を示し合わせても、その日になって「仕事が入った」とか、「クライアントに会わなければならない」などと言って、ドタキャンします。本当に仕事なのであれば理解出来るのですが、実は後から家でテレビを見ていたことが発覚したり、出張に行っているはずの日にデパ地下で夕食を買っている姿を別の友達が目撃したこともあります。要するに約束しておいて、別に用がある訳でもないのにドタキャンをするのです。

ドタキャンされていた側の私や友達は、最初は仕事で忙しいのだと思って理解を示してきたのですが、だんだんとアリバイ（？）が崩れてきてからは、彼女がドタキャンをする度に不愉快な思いをするようになってきました。ドタキャンされると、皆でお食事する時は1人メンバーが減って、楽しさを殺がれたような感じになりますが、特に2人で出かける場合の当日のドタキャンは、その行事に合わせた服装で出勤しているだけに、予定が潰れてガッカリというより、腹が立ってきます。

それだけでなく、ある時コンサートに行く予定を前日になってドタキャンされた時に、私がチケット代を立て替えていたので「キャンセルは困る！」と言ったところ、「誰でも友達を誘って、コンサートに行ってもらって構わない」と言ったので、てっきりチケット代は払ってくれるのだと思い込んでいました。そこで「チケットがタダだから」ということで、友達に来てもらうことになったのですが、後になってチケット代はコンサートに来てくれた私の友達が支払うべきで、彼女は行ってもいないコンサートのチケットを払う気などないこと、そして「友達を誘うようにとは言ったけれど、チケット代を自分が払うとは言っていない」と言い出しました。

頭に来てこの話を別の友達にしたところ、その友達も週末の小旅行を彼女を含む3人で計画していたのに突然ドタキャンされて、それが予約キャンセルのお金が掛るホテルだったのに、彼女はお構いなしだったと言っていました。その友達の場合は、彼女を除く2人は予定通り旅行に行ったのでホテルからはキャンセル代を請求されずに済んだと言っていましたが、問題の友達はドタキャンが多い割りにはいろんなところに顔を出したがる人なのです。彼女は見た目はきれいで周囲からチヤホヤとまではいかなくてももてはやされるタイプで、何となく皆、彼女のことを数に入れてしまうのですが、度重なるドタキャンには嫌気が差しています。でもいつも仕事が理由のドタキャンなので、こちらはどうすることも出来ません。

こういう友達に対して、どんな態度を取るべきなのでしょうか。是非、秋山さんの経験豊富なアドバイスがいただけたらと思っています。よろしくお願いします。

（A）

ADV.

フレークの7タイプの分析

Aさんのお友達のようなタイプは、英語では「Flake/フレーク」と言います。約束をしておきながら、間際になってフレーク（破片）のようにボロボロ砕け落ちて、当てに出来ない人を指す言葉です。私の観察するところ、フレークには7種類があります。

1種類目は、ソーシャル・バタフライ系、すなわち社交で忙しいフレークです。

このタイプは1日に複数の予定を入れては、自分が行く価値があるイベントを選んで、他をすっぽかす傾向にあります。仲には複数のイベントを欲張ってこなそうとするもののタイム・マネージメントが出来ず、約束の一部をすっぽかしてしまうケースもあります。

2種類目は、健康的理由、もしくは体力面からフレークになるケースです。約束があっても、体調を崩したり、疲れていることを理由にドタキャンをするのがこのタイプです。体調が優れない場合、予定をキャンセルしても周囲が理解を示すか？ と言えば、決してそうではないのが社交の世界。精力的に社交に勤しむあまり、予定をすっぽかすソーシャル・バタフライ系のフレークが何度も予定をすっぽかしてもお誘いが掛るのに対して、健康的理由や体力の乏しさからフレークになる人はドタキャンを続けるにしたがって、だんだんとお声が掛らなくなるのが通常です。

3種類目は、経済状態からフレークになるケース。給料日前になると、お金が足りなくなってディナーをキャンセルしたり、バケーションを一緒に計画していても「やっぱりそんな旅行に行くお金がない」と考えてキャンセルするのがこのタイプですが、正直に金銭面で苦しいことを明らかにしている場合はフレークとは見なされません。でもプライドが邪魔するなどして「仕事で忙しい」「突然予定が入った」という理由をつけてドタキャンをした場合は、例え周囲が経済的に苦しい様子を理解していたとしても、フレークと見なされることになります。

4種類目は、フリップフロップ・タイプです。

フリップフロップとはくるくる考えを変える人のことで、一度は行くと約束しておきながら、気が変わって行きたくなくなるのがこのタイプ。デートの約束をしたものの当日になったら気が変わってキャンセルするというのがこの典型です。中には相手に連絡もせずにそのまますっぽかすというケースも少なくないようです。

5種類目は、計画性がないためにフレークになるケース。

「○○が終わってから駆けつける」と言いながら、時間の読みが甘いためにドタキャンをすることになってしまったり、スケジュールをしっかり管理していないために、一度した約束をドタキャンして別の予定を入れなければならないのがこのタイプ。以前したドタキャンの埋め合わせをしようとするあまり別のドタキャンをするなど、ドタキャンのドミノ現象を引き起こしていたりします。

6種類目は、単に社交運がないためにフレークになるケース。

このケースでは本人は本当にイベントに参加したい等の意思を見せるものの、毎回のように異なる、そして信ぴょう性のある理由でドタキャンをする人です。最初のうちは理解を示して何度か誘ってくれる人はいますが、その都度ドタキャンになるのでやがてお誘いが減って行くのがこのタイプで、本人には魅力があるので入れ替わり立ち替わり誘ってくれる人は現れますが、交友関係が広がらない傾向にあります。

7種類目にして最も対応が難しいのが、フレークにならざるを得ないような状況にある人です。ドタキャンの理由が子供のベビーシッターにドタキャンされた、病気の義母の様子を見に行かなければならない、コントロール・フリークの夫に外出を止められた、突然急ぎの仕事が入った等、ドタキャンをせざるを得ない要素を生活の中に抱えている人です。

このタイプには誰もが理解と同情を示しますが、やはりドタキャンには変わりがないので、人数をしっかり確定したいイベントには声を掛けて貰えない存在になってしまいます。

フレークの弱点と対処法

アメリカ社会においては「友達になるべきではないキャラクター」のトップ3に挙げられているのが〝コンプレイナー〟〝バック・スタッバー（Back stabber／直訳すれば後ろからナイフで刺す人という意味ですが、陰で裏切り行為をする人、不意打ち的に裏切ったり、攻撃してくる人を指す言葉）〟と並んでフレークです。

私がこれまでに出会ったフレークも、約束というものを重視しない性格とあって信頼に値する人物ではありませんでした。私の意見では、友情というのは信頼感や敬意を抱ける間柄でなければ育たないものなので、フレークと仲良くやっていこうとするのは難しいだけでなく、時間や労力、エモーションを無駄に費やすことになるかと思います。

フレークとお付き合いしたい場合、せざるを得ない場合は、ドタキャンをされても大丈夫なイベントや集まりにしか声を掛けない以外に対処法はありません。ディナーでしたら4人以下の集まりにはフレークを含めないほうが賢明です。ドタキャンによって6人が5人になっても、5人が4人になっても大勢には影響がありませんが、4人集まるはずが3人に減ってしまうとその場の雰囲気やダイナミックスが変わってしまうからです。

またフレークは基本的には身勝手な人が多いものですが、そもそも身勝手というのは周囲に人がいるからこそ出来る行為です。したがってフレークにとって一番困るのは「人に相手にされないこと」「お誘いが掛からないこと」です。最初からお誘いが掛からないのであれば、ドタキャンをする必要もない訳です。

ですのでフレークが参加した食事の際などに、本人ではなく別の人のドタキャンを話題にして批判するのは有効なプレッシャーの掛け方です。フレークに態度を改めさせるには、「自分のことも陰で批判されているかもしれない」という危機感を与えるのが一番なのです。

バックストーリー

ディナーなどに出掛けて、その席で誰かがドタキャンで欠席した場合、特にそれがドタキャンの常習犯である場合は、その人の過去のドタキャン歴が話題になることは少なくありません。またその場の参加者が幹事役に同情して、自分がされた失礼なドタキャン経験を語り合うケースもあります。私が聞いた一番凄いドタキャン・エピソードは、自分のサプライズ・バースデー・パーティーにドタキャンで現れなかったというバースデー・ガールの話です。

私は直接そのバースデー・ガールのことは知りませんが、彼女は〝フレーク〟で有名だったそうで、それを危惧した友人達がパーティーの前に彼女を迎えに行く段取りをしっかり整えたとのことでした。ところがその友達の迎えをドタキャンしただけでなく、パーティー会場に直接やって来るという約束もドタキャンしたそうで、パーティーに友達が集まって彼女の登場を待っている最中に、テキスト・メッセージで「付き合い始めたばかりのボーイフレンドのサプライズ・プレゼントでこれからメキシコへのウィークエンド・トリップに行くところ」と言ってきたそうです。参加者は誰もが同じようなドタキャンを経験しているとあって、謝罪するパーティーの主催者を責めることはなく、その場は彼女のサプライズ・バースデー・パーティーから、彼女の悪口大会になってしまったというのがそのストーリーでした。

主催者にしてみれば、まさか新しいボーイフレンドが同時にバースデー・サプライズを企画しているとは思ってもみなかった訳ですが、日帰り旅行に出掛けるのならまだしも、事前の準備が必要なウィークエンド・トリップに出掛けたというところから「計画的なドタキャンだった」ことがバレたのもこの女性が顰蹙を買ったポイントでした。

ところで昨今のアメリカには〝フレーク〟とは別に〝スノーフレーク〟と呼ばれる人種が存在しています。これは細かいところまでモラルに厳しく、小さな発言も大きく取沙汰するような繊細な人々のことで、ソーシャル・メディア上で過敏なまでに不適切な発言やポストを攻撃するのが〝スノーフレーク〟です。年齢的にはティーンエイジャーから20代前半に多いことから、この世代は〝スノーフレーク・ジェネレーション〟とも呼ばれています。

Q. 26 世界一英語が下手な日本!?

CORRECTING ENGLISH MISTAKES

Yokoさん、こんにちは、

以前ニューヨークに住んでいたことがあって、その時にはCUBE New York主宰のネットワーク・パーティーに参加させていただきました。今はパーティーはなさっていないみたいですが、当時の私は日本人の友達がいない時期だったこともあって、パーティーを通じて素敵な日本人女性に沢山出会えて、その後のNY生活に本当にプラスになりました。あの頃のキューブさんのパーティーみたいに華やかな感じの女性が集まるパーティーは、今も昔も他に存在していないと思います。

パーティーでは、Ｙｏｋｏさんにもお会いしてやっぱりニューヨーク生活を満喫するには、あんな風に快活にバリバリ仕事や社交を楽しまなければならないのだと実感したのを良く覚えています。

今日メールを差し上げたのは、私もご相談というか、Ｙｏｋｏさんのご意見を伺いたいと思うことがあるためです。

夏休みを利用して３週間ほど日本に一時帰国したのですが、その間に日本で間違っている英語を沢山耳にしました。「ナイーブ」という単語みたいに、日本語の中に溶け込んでいてその意味が間違って定着している言葉なら仕方がないと思うのですが、英語の先生とか、英語のエキスパートが教えている英語が間違っていたり、２〜３年英語圏に住んでいたとか、留学していた人がレクチャーする英語が間違っているのがとても気になります。

一度、間違った英語を身につけてしまうといけないと思ったので横から訂正してしまいましたが、そうしたらまるで私が長くアメリカに住んでいることを自慢するデシャバリのように受け取られてしまいました。

それは「Stoned」という言葉だったのですが、「石を投げられること」なんて教えていて、私が「マリファナでハイになることだってば！」と口を挟んだら、それを教えていた留学経験のある人が、「そうそう、お酒で酔っ払うっていう意味もあるかも」と携帯電話で調べて答えていました。でも英語で「She Got Stoned」と言えば、例外なくマリファナでハイになっていたという意味で、石を投げられた訳でも、お酒で酔っ払った訳でもありません。教えていた人は英語に自信があるので、私が英語を訂正したのがかなり気に障ったようでした。

その人に限らず、インターネット上で日本に暮らしながら英語を独学でマスターしたとか、「2年の留学でペラペラになった」と言っている人の英語ははっきり言って実践に根ざしていない英語なので、凄く変に聞こえます。言い回しがまどろっこしかったり、文法的には正しいのですが、アメリカ人がまず言わないセンテンスもとても多いように思います。

最初は自分のブログに書こうと思って、ネット上をリサーチしていたのですが、某サイトのベストアンサーに選ばれている翻訳が適切でなかったり、歌詞の翻訳の意味がメチャクチャだったりで、かなりの酷さです。放置すると日本のためにならないと思ったのですが、それをいちいち指摘するようなブログを書くと、やっぱり顰蹙を買うのが私では？　と思ってブログに書くのを考え中です。

日本人はただでさえ、英語が世界一下手な民族と言われているそうですが、こういう形で誤った英語が広まるのは、日本の英語教育が益々後退する原因になるように思えて、情けないやら、ゾッとするやらです。

Ｙｏｋｏさんは、日本の英語教育についてどう思われますか？　何となく、考えるだけで先が思いやられてしまって、複雑な思いで日本から帰国しました。ご相談というより愚痴のようになってしまいましたが、お時間がある時にお返事をいただけると嬉しいです。

（Ｎ）

ADV.

言語においては「誰もが万年生徒」です

以前、ネットワーク・パーティーにご参加くださったとのこと、ありがとうございます。

私自身、ネットワーク・パーティーを通じて、沢山の素敵な日本人女性とお友達になりました。ソーシャル・メディアが普及してからは、もうネットワーク・パーティーは必要ないかなと思ったのでパーティーをしなくなりましたが、今もパーティーで知り合った何人もの女性達とお友達関係が続いています。

Nさんがおっしゃる通り、私も日本に一時帰国したり、インターネットで日本のサイトを見ていたりすると、間違った英語の解釈や、誤訳を目にすることはありますが、以前に比べると英文和訳のミスは激減していると思います。和文英訳については、日本を訪れた外国人旅行者が、標識の英文の滑稽さを特集したウェブサイトを作っているほどなので、まだまだ問題がありますが、標識の英語表示が笑えるほど間違っているのは中国や韓国も同様なので、日本だけの問題という訳ではないように思います。

私の知り合いの中にも、Nさんのように英語の間違いや、間違った英語を教える人に対してフラストレーションを感じる人はいますが、私自身は徐々に気にしなくなりました。私もNさんと同じように20年以上ニューヨークに暮らしていますが、それでもまだまだ知らない単語や言い回しに遭遇することが少なくないためで、20年暮らしていてもそんな状態ですので、日本でしか英語を学んだことがなかったり、アメリカに数年留学しただけの人が完璧に英語を話したり、訳したりするのは、そもそも不可能なタスクと思って見ていることもあります。

私は日本人として、日本語がファースト・ランゲージですが、それでも自分の日本語が完璧だと思ったことはありません。そう考えたら英語はセカンド・ランゲージですから、20年以上、毎日のようにネイティブ・スピーカーと喋っていたところで、完璧になることなんて有り得ないと考えています。それはアメリカ人にとっての英語とて同じことです。私はフランス語をアメリカ人のクラスメート達と一緒に習っていましたが、分からないフランス語の単語の意味を辞書で調べたクラスメートの1人が、英訳で読んでも意味が理解できず、「フランス語どころか、まず英語から勉強しないとダメだ」などと冗談交じりに言っていたのを覚えています。その彼はハーバード大学卒の非常に頭脳明晰なバンカーで、クラスの中でも1番か2番にフランス語が話せた存在でした。

したがって私は言語については、どんなに勉強しても「完璧」という状態になることは不可能とさえ思っていますし、もし数年外国に暮らして、その国の言葉を勉強して「完璧に喋れるようになった」と言っている人がいたとしたら、おそらくその人は言語というものの奥の深さを理解していないのだと判断します。

言葉は、その国のカルチャーに根付いた生き物ですから、時代を反映して変わって行きます。特にソーシャル・メディアが登場してからのアメリカ英語は、トレンディングとなるものが目まぐるしく移り変わるのと同様、新しい単語もどんどん出てきていますから、5年前と今では契約書の文章の英語は変わらなくても、メディアや日常生活の英語はかなり変わって来ています。ですから、たとえアメリカに暮らしていても時代を反映した語彙や会話のセンスを持たなければ、生きた英語が話せないだけでなく、良好なコミュニケーションを交わすことが出来ないのが実情です。

すなわち、言語については「誰もが万年生徒」と考えるのが適切であって、自分も学ぶ立場にあると思えば、他人の間違いはあまり気にならなくなってくるものです。

教えてもらいたいと希望する人に対しては、間違いを指摘してあげるのは親切だと思いますが、そうでない場合は誰もが完璧ではなく、誰もが間違えるのが言語ですので、そのままにしてストレスを感じないようにしているほうがベターです。Nさんのご指摘通り、細かく他人の英語を訂正すれば、でしゃばりのように見られてしまう傾向は強いかと思います。

Nさんご自身もアメリカでいろいろな英語の間違いをしてきたと思いますので、そんな自分を思い出して、人の間違いにも寛容になってあげるほうが、この問題に限らず全てのコミュニケーションにおいても上手く行くと言えるでしょう。

会話力よりコミュニケーション力を

日本の英語教育に疑問を感じるのは私もNさん同様で、私自身、日本では外国人のインストラクターだけを雇っている英会話の学校に通ったりして、当時は親のお金でしたが、かなりの投資もしました。当時のほうが言語の奥深さを理解していなかった分、もっと簡単に英語が喋れるようになると甘く見ていましたし、自分の英語にもずっと自信を持っていました。

それだけにNYにやって来たばかりの頃は、日本で読んだ留学生体験記に書かれていたように「3ヶ月後に気付いたら、英語がスラスラ喋れるようになっていた」などという状態になれない自分が情けなくて、本当に落ち込む思いをしました。また私はその時に、日本の英語教育もさることながら、アメリカで移民が通う英語学校についても疑問を覚えました。私はNYに来て3ヶ月ほどで英語学校のESL（イングリッシュ・アズ・セカンド・ランゲージ）のデュプロマを取得しましたが、学校で使っていたテキストブックの内容が日常生活の会話で役に立たないのは、日本での英語教育と大差がありませんでした。それよりもクラスメートが休み時間に「こういう時はどうやってアパートの家主にコンプレインしたら良いですか？」と、先生に尋ねている質問のほうがよほど勉強になったのを覚えています。

加えて筆記試験でクラス分けが行われたので、文法は出来ても会話力がない日本人生徒と、文法が苦手でも会話力に非常に長けたヨーロッパ系、南米系の生徒が同じクラスになってしまうのも移民が通う英語学校の問題点でした。日本人側から見れば「何故自分がこんなに英語が話せる人達と同じクラスなのか?」が不思議でしたし、諸外国人からは「どうしてこんなに英語が話せない日本人がクラスにいるのか?」が理解出来なかったようでした。

　私自身は英語の語学力を身につける前に、コミュニケーション力を先に身につけたタイプで、今でも自分は語学よりもコミュニケーションに長けていると思っています。日本人の中にはきちんとした英語を喋ろうと考えて、文法からきっちり学ぶことに重きを置き過ぎて、時間を無駄にしている人が多いように思います。そうした人はオールド・ファッションかつ、文法的に正しい退屈な英語を書くことは出来ても、フレンドリーな日常会話を交わしたり、冗談を言い合って笑ったりということは出来ないケースが殆どです。

　英会話で大切なのは文法よりもボキャブラリーと発音ですが、アメリカ人とのコミュニケーションで大切なのはコンフィデンス、会話のリズム、表情を含むボディ・ランゲージ(身振り手振りのことではありません)、マナー、そしてユーモアのセンスです。これらを身につければ英語力に関係なく、2時間のカクテル・パーティーでも、3時間のディナー・パーティーでもサバイブすることが出来るというのが私の考えで、それは私自身がアメリカ生活の中で身を以って実践してきたことでした。

事実、パーティーの席では目立つファッションで楽しそうにしていれば、ゲストが話し掛けてくれますし、会話が成り立たなくても、その場の一員としてパーティーを楽しむことが出来ますが、見た目に退屈そうで、興味がわかない人には、どんなに英語がきちんと話せても誰も声を掛けません。

加えて「きちんと英語が話せる」のと、「社交会話やパーティー・トークが出来る」のは全くの別物です。文法的に正しい英語で話すより、相手と共通の話題が沢山あるほうが遥かに楽しい会話が長続きします。アメリカのパーティーにおいては、映画、レストラン情報を含むグルメの話題、スポーツ、そして昨今では政治についてが最も一般的な話題となります。

要するに〝話せる人間〟になるよりも、〝人が話し掛けたくなる人間〟になること、幅広い興味や話題を持つことが、海外生活を楽しくするポイントと言えますが、それは日本国内においても全く同様だと思います。

バックストーリー

何年か前に、日本の友人とある単語について話していた際に「それってスラングでしょ？　だから使わないほうが良いって言われた」と彼女が話していたのを憶えていますが、アメリカで暮らしていて、だんだん聞かなくなってきたのが「スラング」という言葉自体です。現代英語は、20年前、30年前に「スラング」と言われた言葉がごく普通に使われていて、若い世代はそれがスラングであった事さえ知りません。

例えばドラッグなどでハイになるという意味の「High」や、地獄を意味する「Hell」は1960年代のアメリカでは放送禁止用語だった単語ですが、今となっては考えられないことです。ウェブスターの辞書には、2017年だけで1000語以上の新しい言葉が掲載されているので、もう「スラング」などと言っている時代ではないのです。

それよりも英会話において留意すべきは人種差別、性差別、宗教差別を含む差別用語や、特定の人々に対する蔑視の表現で、それらを決して使わないように心掛けるほうが遥かに大切な国際マナーだと思います。

Q.27 くすぶる人生に転機をもたらすには？

I NEED A BREAKTHROUGH MOMENT

秋山様

こんにちは。はじめまして。

CUBE New Yorkは私がアメリカで学生をしていた頃から大好きで、今も毎週欠かさず読んでいます。

今回、是非相談してみたいと思ったのは、秋山さんでしたら、論理的で具体的なアドバイスをいただけると思ったからです。

私は今38歳ですが、無職、貯金ナシ、彼氏ナシ（未婚）、実家暮らし、という、はっきり言ってどうしようもない、社会人として、大人としてどうかと思うような状態です（姉がおりますが、結婚して子供もおり、家も建て、所謂まっとうな人生を歩んでいます）。

私は高校卒業後、地元の短大に進学しましたが、小学校の頃からの夢だったアメリカ留学を諦めきれず、親に頼み込み、また自らもアルバイトをしてお金を貯め、短大卒業後にアメリカの4年制大学へ進学しました。

アメリカへ行ったものの「アメリカに住む、アメリカの大学に行く」ことが目的だったため、具体的に何がしたくて、何を勉強したいのかがありませんでした。最初は美術専攻にしようと思いましたが（もともと好きだったので）、特に美術について抜きん出ていた訳でもないし、また、ちょっとした興味で美術を専攻しても将来の就職に困るな、と思い、たまたま最初に取ったクラスが面白かったというだけの理由で経済学を専攻にしました。

もともと何か思う事があって経済学を専攻したのではなかったので、勉強にもそんなに力が入る訳でもなく、無事卒業はしたものの、成績は散々でした。

就職に関しても、特にこれといった計画もやりたい事もなかった私……。「卒業して日本に帰ってから仕事を見つければ良い」と思っていました。しかし卒業半年前に友人から誘われて出掛けたボストン・キャリア・フォーラムで、これまた興味のなかった製薬会社を受け（これも友人が受けるから、私も一緒に受けてみよう、ぐらいな軽い動機でしたが）、受かってしまい、日本に帰国後、製薬会社の営業として約4年程働きました。

製薬会社の営業は、自分のやった事が数字（売上）となって明確に返ってくるので遣り甲斐はとても感じていましたが、かなりハードな仕事で、毎日朝早くから夜遅くまで、特に接待がある日は朝4、5時まで付き合いで飲み歩く事もあり、心身ともに疲れ切ってしまい辞める事にしました。

製薬会社の仕事を辞めた後は、3ヶ月程のんびり過ごし、その後、転職活動を本格的に始めるものの、自分が何をやりたいのか、将来どうなりたいのか、まったく定まらず、未だに転職を繰り返している状態です（しかも、雇用形態はずっと派遣や契約社員など有期雇用です）。

一度、「やっぱり私は海外に住みたい」と思い、某社のコールセンターの仕事を受けた事もありました（当時コールセンターはシドニーにあり、採用されればシドニーに住めるため）。しかしいざ採用され、東京で研修を受けたものの、コールセンターでの仕事に遣り甲斐や楽しさを見つけられず……、また特にシドニーにも興味があるわけでもないことに（今更）気付き、3ヶ月の研修期間中に辞めました（ただ単に、海外に住みたいからという理由で、安易な考えだった所以、だと思います）。

それ以来ずっと、地元で自動車関連企業を渡り歩き、派遣でずっと仕事をしています。派遣で働き始めてから、過去7年の間、一番長く続いたのは1年10ヶ月です。ひどい時は2、3日で辞めたり（思っていた仕事内容と実際が違っていた、職場が合わなそう、などの理由）、複数の派遣案件を同時に受け、契約スタートの数日前にドタキャン、なんてことも……。

とくにここ2、3年は年齢的な焦りや、派遣として働く限界が見えてきたため、「早く正社員として働ける職場を探さないといけない」「でも何がやりたいのだろう」と悩みつつ、派遣でいろんな職種に手を出しては辞める、の繰り返しです（今まで、秘書、営業事務、貿易事務、特許事務、翻訳などをしてきました）。

そのため、登録している複数の派遣会社からも、信用がかなりなくなっている状態で、また、やはり年齢的にも、紹介案件数も激減しました（ただ、自分で言うのも……ですが、仕事に関しては真面目にやっていて、就業先からはいつも良い評価をいただいています。それもあって、今までは多少の契約についての云々があっても、大目に見てくれていたのだと思います。ただ、それがあまりに頻繁に起こるため、もういい加減このスタッフに仕事を紹介するのはやめよう、と思われつつあると思います）。

つい先日、地元の中小企業でかなり破格のお給料での仕事を紹介されたのですが、今考えるととても良い条件だったにもかかわらず、その前に働いた企業が大手であったため、そこと比べてしまい、「こんな中小企業なんて……」と思って、1ヶ月で辞めてしまいました。ですが、今はそのことをとても後悔しています。

周りの友人は「お給料が良いなら多少の事は我慢するべき」と言っていて、私もそう思ったのですが、辞めてしまいました（中小だろうが、雇ってくれるだけでありがたい、ぐらいに思わないといけない状態なのに、中小企業は嫌だという理由で。もう、自分を何様だと思っているの？　という状態だと思います。自分でも。現実を見つめないといけないのですが）。

こんなことを繰り返しているので、収入も安定せず、日々の暮らしで精一杯。そのため貯金もできず、将来の不安を抱え、精神的にも安定していないので、恋愛する気にもなれず、という状態です。

もう38歳なので、同級生や元同僚はほとんど結婚して、子供ができ、家も建てて、安定した生活を送っている人が大半です。また、結婚していない友人たちは、それなりのキャリアを持ち、収入もあるため、纏まった休暇の時は海外旅行などをして独身生活を楽しんでいます。

私はここ7年、製薬会社を辞めてからというもの、まともなキャリアもなく、貯金もなく、彼氏も、結婚も……文字通り何もありません。

もう、こんな状態は本気で良くないと（今更ながら）思っています。今年は正社員の仕事を見つけて、貯金をして、お見合いでも何でもして結婚する！　と思っていたのですが、今の時点で無職、なのです。貯金もなく……。

無職は良くないからと、とりあえず派遣で働いて正社員を探したら、とも思います。でもその派遣の仕事も、とりあえずで妥協して仕事についても、またすぐ辞めてしまいそうです。それも不安です。ある意味、派遣の仕事ももう後がないという、次に失敗したら、本当に、もう、紹介してくれる派遣会社がゼロに等しい状態になってしまいます。それもあって、今回はかなり慎重になっています（派遣の仕事は40歳限界説もあります。ちなみに日本、特に地方では、正社員も結婚も、40歳以降はチャンスも相当少ない、厳しい状況です）。

正社員の仕事でも、とりあえずの派遣の仕事であっても、とにかく、自分が何をやりたいのか、自分にとって何が一番良いのか、分からないのです。

何を基準に仕事を探していいか分からない状態です。また、ここ数年の定着しない仕事ぶりのせいで、〝辞め癖〟みたいなものがついてしまっています。正直、ここ最近で一番長く続いた仕事は最長7ヶ月なのです。1年も続いていません。

ちなみに、私はとても意志が弱い人間だと思います。だらしない人間だとも思います。また、自分に甘く、他人に厳しいです。こういった性格も、色々良くない事を引き起こしているのでは、と思っています。

また、貯金に関しては、実は、製薬会社時代から、入った収入は全部使ってしまっており、貯金する習慣がついていません。計画的な使用も出来ていません。(自分の貯金残高が100万円以上になったのは、お恥ずかしいですが、留学前にアルバイトをしていた時以来ありません)。ちなみに、私の両親は、私にとても甘いため、金銭的に困っているというと、お小遣いをくれたりします。そしてそれに甘んじてしまっています。本当に情けないと思います。

私は、40歳になる前に（2年以内に）、正社員の仕事につき、貯金もきちんとして、そして結婚したいと思っています。これら3つの目標を実現させるために、まず、私がしなければいけない事、直したほうがいい事、そしてどのようなステップで目標に到達していけばいいのか、挫折しそうになった時のモチベーションの上げ方など、何かアドバイスいただければと思います。

本気で、どうにかしたいと思っています。よろしくお願い致します（どんな厳しい意見でも構いません）。

（F）

ADV

（ ）で括ったセンテンスが意味するものは…

私自身、「自分が何をしたら良いのか分からない」「自分に何が出来るのか分からない」という思いで、何年も苦しんだ経験がありますので、Ｆさんのお気持ちは非常に良く理解出来ます。特に焦る気持ちがあればあるほど、その苦しみが重たくのしかかって来ますので、何からどう手を付けたら良いのかを考えて、実行しかけては振り出しに戻って、月日ばかりが過ぎて行くというのは、人生のこういう時期にありがちなシナリオだと思います。

私がＦさんのメールを拝読した第一印象は、（ ）で括ったセンテンスが非常に多い文章だということでした。これは文法的なことを申し上げているのではなくて、（ ）で括った部分がまるで別の誰かがＦさんのストーリーに合いの手を入れて、状況を説明しているような印象を受けたのです。そしてそれが、Ｆさんのパーソナリティにも通じる印象も受けました。

加えて、私が気になったのが以下の2組のセンテンスです。

「自分が何をやりたいのか、自分にとって何が一番良いのか、分からないのです。」

「いざ採用され、東京で研修を受けたものの、コールセンターでの仕事に遣り甲斐や楽しさを見つけられず……」

すなわち、Fさんはご自分が何をやりたいのか分からない、自分にとって何が一番良いのか分からないけれど自分に向かない仕事、自分が続けていけない仕事は分かっているのです。

「自分で言うのも……ですが、仕事に関しては真面目にやっていて、就業先からはいつも良い評価をいただいています。」

「ちなみに、私はとても意志が弱い人間だと思います。だらしない人間だとも思います。」

Fさんが本当に意志が弱い、だらしない人間だったら、就業先からいつも良い評価を得ることはないはずです。

人間心理の中には常に陰と陽、ポジティブとネガティブ、理想の追求と現実の見極めというような異なる要素の心理バランスがありますが、私がメールを拝見した印象では、Fさんの中でこれらのバランスが〝状況に流される自分〟と、〝それを辛らつに受け止める自分〟というスタイルを形成して、ご自身を宝の持ち腐れ状態にしたまま、がんじがらめにしているように見受けられました。

年齢相応の人生が幸せではありません

Fさんは受けた職場に何度も採用されて、良い評価を得ているので、そもそも能力がある方ですし、その能力はご自分でも自覚されています。またそんな能力に応じたプライドや理想を持っていらっしゃることも、条件が良い企業を「中小企業だから」という理由でお辞めになったことから明らかだと思います。

私が、能力とプライドをお持ちでいらっしゃるFさんに欠けていると感じるのが、パッション（情熱）や、欲望、自分の幸せや運命を嗅ぎ分ける本能的なひらめきです。これらが欠落した状態では、何度仕事を変わったところで、職種が変わるだけで、同じ状況を繰り返すだけですし、真の恋愛が実ることも、キャリアが花開くこともないように思います。

そして大変失礼ながらメールを拝見した限りでは、それがこれまでのFさんのレジュメと人生のパターンになっていたものとお見受けします。

「私は、40歳になる前に（2年以内に）、正社員の仕事につき、貯金もきちんとして、そして結婚したいと思っています。」とメールに書いていらしたのですが、それがFさんの夢や理想、そして幸せなのでしょうか。どんな仕事でも正社員で、収入が安定していれば良いのでしょうか。どんな男性でも自分と結婚してくれる人だったら、構わないのでしょうか。

正直なところこのセンテンスには、特に興味がある仕事ではないけれど、雇われてしまったから働き出して、結局は止めてしまうFさんの状況が如実に現れているように感じられました。

もしFさんが自分がどんな仕事をしたいかが分からないとしても、自分がどんな男性と結婚したいのかが分からなくても、「40歳になるまでに、自分が情熱を注げる仕事を探して、貯金をきちんとして、そして生涯を共に出来る男性を見つけて結婚したいと思っています」とでも書いて下さった場合には、私は心配もしませんし、そのセンテンスに異論を唱えることもありません。でも「私は、40歳になる前に（2年以内に）、正社員の仕事につき、貯金もきちんとして、そして結婚したいと思っています。」というセンテンスは、人生の理想や目標を語っているというよりも、「結果はどうあれ、世間体が悪くないタイム・テーブルで人生を送ろうと思っています」というようにしか聞こえないのが正直なところです。

どんな夢や理想を抱いている場合でも、人間が生きる上で目標とすべきなのは「自分を幸せにすること、幸せになること」です。メールからお察しするにFさんは、特に自分がやりたくないものを選択し、派遣であてがわれた仕事をするうちに、目先のタイムテーブルにばかり捉われて、「何が人生の最終目的なのか」「何が自分の幸せなのか」という意識が希薄になっているように感じられます。

すなわち幸せを求めるための自主性や情熱、貪欲さが失われていて、自分を幸せに導くために誰もが持っている本能や嗅覚が鈍っている印象が否めません。

したがって、就職や結婚を目指して何を始めるか以前に、ご自身の考え方、人生に取り組む姿勢から変えて行く必要があると思います。そのためには、まず手始めにFさんはこれまで自分が歩んできた人生をもっとポジティブに捉える必要があると思います。

不完全燃焼のサイクルを終わらせるために

留学経験があるFさんでしたらご存知かも知れませんが、英語には〝グラス・ハーフ・フル／ハーフ・エンプティ〟という表現があります。グラスに水が半分入っている状況を「グラスが水で半分満たされている」とポジティブに受け止めるか、「グラスに水が半分しか入っていない」とネガティブに受け止めるかでその意味合いが１８０度異なるという意味です。現在のFさんは後者のネガティブ型で、自分で自分を応援して盛り立てていかなければならないのに、辛らつな批判で自分を潰してしまっています。そんな状況では、どんどん人生に対して卑屈で消極的になっていくだけです。

Fさんはメールに「まともなキャリアもなく、貯金もなく、彼氏も、結婚も……文字通り何もありません。」と書いていましたが、Nさんには借金もなく、お金をせびったり、結婚をちらつかせてFさんを利用するボーイフレンドもいないのです。プラスの蓄積はなくても、マイナスもないのです。世の中には、マイナス要因を沢山抱えて「せめてゼロからやり直せたらどんなに幸せか」と考えて、苦労をしている人は沢山います。

また、「派遣でいろんな職種に手を出しては辞める、の繰り返しです」とありましたが、そのことも「未だ自分に合った仕事は見つからないものの、いろいろなことにトライしてきたし、様々な職場に採用されてきた」とポジティブに捉えるべきなのです。仕事の面接やテストを受けても、受けても採用されない人、最初から働く気もなくトライさえしない人などとは違って、Fさんには様々な職場で受け入れてもらえる能力があり、期間は短くてもそれらの職場で働いてきた経験があるのです。

そんなご自分の視点を改善した上で、次に取り組んでいただきたいのが〝世間一般のタイムテーブルに捉われる意識を払拭する〟ことです。

私は母がプロとして占いをする関係で、〝人生〟を〝運勢〟として捉える見地を母から学びましたが、人の運勢というのは誰もが20代や30代で結婚をして、60代までに家や財産を築き、その後穏やかにリタイアするというようには出来ていません。早咲きの人もいれば、遅咲きの人もいます。何をやってもダメな時期もあれば、何をやっても上手く行く時もあります。

そんな自分の運勢の流れを知らなくても、自分が求めるものを熟知して、それを妥協せずに追い求める人というのは、往々にして自分の運勢に合った人生、後悔のない人生を歩むことが出来るようになっています。逆に特定の環境や風潮に合わせようとしたり、周囲のプレッシャーを感じるあまり、自分でも「何かが違う、何かが欠けている」と思いながら、適齢期に出会った男性だからそれが運命だと思い込んで結婚したり、自分が本当にやりたい仕事よりも「お給料や条件が良いから」と、自分に合わないキャリア・チョイスをすれば、それによって簡単になると思われた人生がさらに難しくなったり、平穏で簡単ではあるものの、退屈で変化がなく、ただ歳だけを取って行くような毎日を送ることになったりもします。

これまでのようなFさんの考えに捉われていたら、たとえ40歳までに正社員の仕事に就いて、貯金が出来て、結婚をしたとしても、その目標が達成された時に、Fさんがアメリカの大学を出た途端に目標を失ってしまったのと同じ状況になりかねません。結婚生活にしてもいざスタートしてみたら、今までやってきた仕事同様に「自分に合った相手ではなかった」「続けていても生き甲斐が見出せない」等の気持ちがわいてきても不思議ではありません。

恋愛でもキャリアでも愛情や情熱が注げて、「これを手に入れたい！」「これを達成するために頑張る！」というような欲が出てこない限りは、自分を満足させることはできません。また自分が満足しない限りは、いつまでも不完全燃焼のサイクルを繰り返すことになってしまうのです。

本当の幸福とは何なのか

自分をポジティブにして、タイムテーブルに捉われる意識を取り去ると同時に試みていただきたいのは、毎日どんな小さなことでも構わないので、人を幸せにする何かをすることです。電車の席を譲ってあげることでも、街中で迷っている外国人に英語で声を掛けてあげることでも、何でも良いのです。人がありがたいと思って、感謝の気持ちを返してくれたり、微笑み返してくれることは、Ｆさんご自身を幸せにします。

私の印象では、今のFさんには自分の幸せが何かという意識がかなり希薄になっています。ですから人を幸せにして、それによって自分に返ってくる幸せを味わうことから、ご自身にとっての本当の幸福とは何なのかを考え直していただきたいと思います。

また人から戻ってくるポジティブなエネルギーを身体に蓄えて、自分自身に活力を与えて行くことも大切です。1日に1度でも幸福感を味わうようになれば、今までFさんの中で自分を批判してきたアルター・エゴが、徐々に自分を応援してくれたり、新しいアイデアを与えてくれるようになります。

銀行の残高が増えなくても、自分の気持ちや考えを変えるだけで、人生観が開けて、自分の中に輝きを生み出すことは可能なのです。そうやってポジティブなエネルギーやオーラを発することが出来るようになって、初めて巡ってくるのが良い出会いやチャンスというものです。やがて人とのポジティブなインターアクションが増えていけば、その中から自分がやりたいことのヒントやきっかけを見出すケースも多いのです。ネガティブにくすぶっていたら、悪いものは寄ってきても、良いものは離れていきます。

実はFさんは、このコーナーをスタートして以来、私がアドバイスを書く前に、初めてお誕生日をお尋ねした方でした。というのは今回のようなご相談には人生や運勢の流れを知ってからお答えするのが適切と感じたためでした。

Fさんは過去2年は天中殺でいらしたので、物事が思い通りに行かずに焦りを感じる局面や、後悔することが多かったと思われますし、あまり良い出会いやチャンスにも恵まれなかったものと思います。でもその天中殺が明けた今はFさんにとって、人生を転換させるチャンスであると同時に、Fさんご自身もこれまでとは違う気持ちで取り組める時でもあるのです。だからこそこのコーナーにメールを下さったものと私は感じている次第です。

このチャンスを生かさなければ、この先Fさんの人生は、気休めと不完全燃焼の繰り返しになってしまいかねません。ここで奮起して自分を中から変えなければ、仕事が変わっても、男性とデートを始めても今の局面は打開できません。

かなり厳しいことを書いてしまいましたが「きっとそのうち良いお仕事や、素敵な男性に巡り会えると思うので、あきらめずに頑張ってください」など、特に役に立たないけれど、気休めになるようなアドバイスで良いのなら、このコーナーにメールをいただいていなかったと思います。私からの苦言を今後どう使って、どうやって今の局面を打開、好転させるかはFさんご自身の努力や意志に掛かっています。

私がつらい時に思い出す言葉に「どんなに長くても明けない夜はない」というものがありますが、それは本当なのです。人生に夢中で取り組んで、毎日たとえ僅かでも前に進む事が出来たら、気づいたときには夜が明けているのです。

それと同時に常にご自身を外側から磨いて、魅力的でいることも忘れずに！

バックストーリー

このご相談が私にとって忘れられないものの1つとなったのは、当時驚くほど多くのご感想や、このアドバイスに対する感謝のメールを頂戴したためです。そのリアクションに多かったのが「自分に言われていると思いながら読みました」という内容のもので、誰もが人生を振り返って「自分は何をやって来たんだろう?」と考えたり、現状や未来を考えて「これからどうしたら良いのだろう」「自分には何が出来るのだろう?」と行き詰る時期があることを強く感じたのを憶えています。

私の意見では、こういう時期を迎えた人にとって最も残酷なアドバイスと言えるのが「これだけ大変な思いをしているんだから、もう直ぐに良い事が起こって、全ての問題が消えてなくなる」という〝エンプティ・ホープ〟を与えることだと思っています。

このご相談の前の〝世界一英語が下手な日本!?〟でも書いた通り、ニューヨークに来た直後の私は、「3ヶ月後に気付いたら、英語がスラスラ喋れるようになっていた」という留学生体験記のようになれなかった自分に失望して落ち込む思いでしたが、もしそんなことが実際にはあり得ないと最初から分かって、もっと長い目で語学習得を捉えていたら、そんな苦しみや失望を経験していなかったと今でも思っています。もちろん最初からそんな事を言えば留学する人が減ってしまう訳ですから、留学斡旋会社のセールスにはそうした体験記が必要なのもよく理解出来ます。

ですが人生に行き詰まりを感じている人に対して、同じようなエンプティ・ホープを与えるのは、その人がやがて突き当たる壁をもう1つ作っているような残酷な行為と言えます。というのは運勢が停滞している時に、そんなシンデレラ・ストーリーが待ち受けている事などまずはないと言えるからです。それを期待して自分を盛り立てようとすれば、直ぐにそんな事が起こらないと悟ってさらに落ち込むことになります。

それよりも「ローマは一日にして成らず」、もしくは「千里の道も一歩から」という言葉のように、少しでも着実に前に進むこと、それが長い人生で大きな違いをもたらすことをアドバイスするほうが適切であり、親身なアプローチだというのが私の考えです。

英語には「Easy Come Easy Go」という諺がありますが、簡単に手に入れたのは、簡単に離れて行くのです。ですが苦労して積み上げたものは、そう簡単には崩れません。したがって見方を変えれば、苦しい時ほど少しずつでも何かを積み上げる努力をすべきだと思いますし、そのためには自分と自分の人生を信じて、決して諦めない強い意志が不可欠です。人生の明暗を本当に分けるのは運や能力よりも、この意志があるかないかだと私は確信しています。

コラム

文章は心のリフレクション

PERSONAL REFLECTION

私がQ&ADV.に寄せられるご質問に対するアドバイスを執筆する前に、先ずすることがそのご相談を最低3回、時に5〜6回読み直すことです。

そうするのは相談内容をしっかり把握するという目的もありますが、いただいたEメールを何度も読み直すことで、相談者のお人柄やその時の心情などが徐々に分かってくるためで、「文は人となり」という言葉通り、文章はそれを書いた人の人間性やその心理を理解する大きな手掛かりになると考えています。

人を見下した態度を取る人は文章もそのようになりますし、思いやりや気遣いがある人の文章にはそれが表われているものです。頭の中が整理されている人は文章にも筋道が通って、分かり易い展開になりますが、日頃から関心が散っている人は、文章のフォーカスもあっちに飛び、こっちに飛びと、右往左往して無駄の多い記述となります。相手に対して腹を立てている時には、どうしてもトゲが感じられる文章を書いてしまうので、Eメールのやり取りが口論のようになってしまうケースは珍しくありません。

私はQ＆ADV．をスタートする10年前の2002年からcubeny.comのウェブサイトで〝Catch of the Week／キャッチ・オブ・ザ・ウィーク〟というコラムを書き続けていて、Q＆ADV．に相談のメールを下さる方々は同コーナーをスタートする以前から〝キャッチ・オブ・ザ・ウィーク〟で私の文章を読んで下さった方が殆どです。

もう10年以上前のことになりますが、その〝キャッチ・オブ・ザ・ウィーク〟の私の文章について読者の方から「貴方の文章は酷いです。自分なりに書き直したので、読んで参考にして下さい」というEメールをいただきました。

それを読ませていただいた私の正直な感想は、確かに文章としては無駄なくキレイに纏まっていたものの、当然のことながら私というキャラクターがそこに存在しなくなった分、メッセージ性が欠落した退屈な文章になっているという事でした。要するに、「店をキレイに改装した途端に味が落ちたラーメン屋」のような文章になっていたのです。

このEメールがきっかけで、私は完璧な文章を書くのが自分の目的でも、仕事でもないという意識を明確にしたと同時に、「人のリアクションを気に掛けたり、考えたりしていたらろくな文章が書けない」

という信念を新たにしました。そしてその信念は、特にQ＆ADV．の執筆の際に私が強く貫いているものです。

というのはQ＆ADV．のコーナーにメールを下さる方たちが求めているのは、きれい事や気休めしか言ってくれない周囲には決して出来ない、リアルで親身なアドバイスであって、それをするには時に厳しいことを述べたり、失礼と思うようなことでも指摘しなければならないからです。

それを実践するには、完璧な言葉や文章を投げかけることに気を配っている余裕などありません。私がアドバイスを通じてご相談者に感じ取っていただきたいのは、私が一緒に問題や状況に向き合っている熱意や真摯な気持ちであって、それによって「心を開いてアドバイスを求めれば、親身になってくれる人がいる」「どんなにつらい時でも人生、そして世の中はそれほど捨てたものではない」という気持ちを抱いていただきたいのです。そのためには文章にエネルギーを込めて送り出さなければならない訳で、完璧さや完成度よりも私が信じる、最善と思う言葉や表現を用いることこそが、ご相談者とのベスト・コミュニケーションであると考えています。

Q＆ADV．のセクションや、Q＆ADV．のプライベート・セッションにご相談を下さる方達は、混迷した人生の中にあっても何とか事態を打開しようという気持ちでご相談下さる方ばかりであることは、私がその文章を読んで実感していることです。そんなご相談者の気持ちに応えるためには体裁、ましてや完璧さを追及する余念やエゴなどが入り込むべきではないのです。そもそも私自身、全く完璧とは言えない人間なのですから、「文は人となり」であるとすれば、最初から私には完璧な文章など書けなかった訳です。

私自身は〝完璧〟というアイデアやコンセプトにあまり魅力を見出

したことがないので、決して負け惜しみではなく、自分が完璧な文章を書ける完璧な人間でないことをとても幸せに思っています。

世の中には、自分で自分のことを胸を張って「好きだ」と言える人が意外に少ないのですが、私が自分を「好きだ」と言える理由は、完璧に程遠いことを自覚しながら、努力と努力を続けることを惜しまない自分のことが好きなためです。完璧はそこで打ち止めですが、完璧でない場合は努力をすれば向上と改善が続けられる訳ですから、常に目標や希望を持って生きられます。

その気持ちを文章に込めることが、Q&ADV・を通じての私のライフワークだと信じています。

Epilogu

おわりに

私は、もしこの本のアドバイスやキューブ・ニューヨークのウェブサイトで連載しているQ&ADV.のコーナーが、読者の方々の何等かの助けやお力になれることがあるとすれば、それはそのご本人が既に持っている資質や治癒力に私が働きかけることが出来た結果だと思っています。

こうした治癒力や本能のパワーは、不幸や不運、人間関係のいざこざに打ちのめされている時には誰もが発揮できなくなるものですし、それらが自分に備わっていることさえ忘れています。また世の中には自分がそれを持っていることさえ知らずに生きている人が少なくありません。

そもそも人間というのは本来強い生き物ではありません。方向性を失って何を信じたら良いか分からなくなることもあれば、自分という人間が分からなくなることもあります。

そんな霧に巻かれた登山家のような状況下でも、人間は生命力を発揮しています。「何とかしなければ」「この状況を打破しなければ」と絶望の中でも考えるのが生命力です。

それは精神の治癒力や生きる活力と実は全く同じものであり、人間である限り持ち合わせているものなのです。

私がアドバイスを通じて読者の方達に気付いていただきたいのが自分の中に備わった自然の治癒力、生きる活力、生命力です。人間は凝り固まった視点や考えを改めるだけでも血流が変わってきます。血液と酸素がより活発に脳に運び込まれることによって、干ばつ状態だった身体中の細胞が潤って、身体全体が本来の機能を取り戻し、それが精神や身体から発するオーラにまで好影響を及ぼすのです。自分を本来あるべき姿に軌道修正して、初めて可能になるのが状況の改善や巻き返しです。

人間は苦しい時ほど先を焦って改善策や打開策を急ぐ傾向にありますが、そんな時ほど取り組むべき対象はまずは自分自身なのです。

私にはご相談者の状況を好転させるパワーなどありませんが、ご相談者に本来備わるパワーを引き出したり、その使い方の指針をアドバイスすることは出来ると思っています。誰にとっても、苦境との闘いを乗り越えるのに必要なのはほんの些細なアイデアやきっかけであって、大々的な改革や奇跡など起こる必要はないのです。

初出一覧

第1章　グランド・セントラル・ターミナル
Chapter 1 Grand Central Terminal

親友に彼が出来て、私が捨てられました
Dumped by Your Girlfriend
Originally Posted on Dec.Week1,2012

プロフェッショナル・ペイン
Professional Pain
Originally Posted on Dec.Week3,2012

突然別れを宣告されたショックから、どうしても立ち直れません
Cure for Broken Heart
Originally Posted on Dec.Week4,2012

悪運続きで悪運の縁起担ぎをしています
Bad Luck&Superstition
Originally Posted on Dec.Week5,2012

結婚式のドレスが原因の義姉との不仲
Sister In Law Feud
Originally Posted on Mar.Week3,2013

3ヶ月でルブタンを買わされた弟の交際
Gold Digger or Not?
Originally Posted on Jan.Week2,2013

友達の友達とは勝手に仲良く出来ない？
A Friend of My Friend Could be My Friend?
Originally Posted on Jan.Week3,2013

友達の婚約者に口説かれたことを友達に忠告するには？
Should I Tell My Friend...
Originally Posted on Feb.Week3,2013

子供をコントロールする母親との付き合い方
How to Deal with Your Controlling Mother
Originally Posted on Jan.Week4,2013

コラム：Q&ADV.を書く私へのFAQ
Q&ADV.FAQ

第2章　アッパー・イーストサイド

Chapter 2 Uppe rEast Side

私の親切に全く感謝しない友達
No Appreciation
Originally Posted on Mar.Week4,2013

夫婦間交渉の攻略法
Negotiation with Your Spouse
Originally Posted on June.Week4,2013

結婚したいと思わない年下の彼との同棲
Should I Let Him Move In?
Originally Posted on Feb.Week2,2013

離婚のリアクションとの闘い
After math of Divorce
Originally Posted on Apr.Week1,2013

食べ物の好き嫌いの多さで嫌われました
Picky Eater = Turn Off?
Originally Posted on May.Week1,2013

稚拙なカルチャー・オフェンシブ
It's Culture Offensive!
Originally Posted on May.Week2,2013

進路の迷い…どちらを選ぶか?
Which Way To Go?
Originally Posted on Oct.Week2,2014

この人とだけはどうしても無理です！
He's So Not My Type!
Originally Posted on June.Week2,2013

「若い」と褒めるのは年より扱いと同じ？
Age Issue
Originally Posted on July.Week4,2013

コラム：人生に負債と財産があるとすれば
Pay It Forward

第3章　セントラル・パーク
Chapter 3 Central Park

男性に会うのだからメイクくらいはしないと
Put Some Make-Up On!
Originally Posted on Mar.Week2,2014

デート相手を断る理由は外観?人柄?
Looks or Personality
Originally Posted on Apr.Week2,2014

ウェディング・ドレス・ストレス
Wedding Dress Stress
Originally Posted on Feb.Week4,2014

長い友達が出来ないのはどうして？
I Don't Have A Long Time Friend...
Originally Posted on July.Week4,2014

いびきが原因で憧れた女性と別れる場合
Snoring = Deal Breaker
Originally Posted on June.Week1,2014

夫に誕生日と結婚記念日を祝って貰うためには？
Remember My B-day&Anniversary!
Originally Posted on July.Week2,2014

フレークとの付き合い方
How To Deal With "Flake"
Originally Posted on Oct.Week1,2013

世界一英語が下手な日本!?
Correcting English Mistakes
Originally Posted on Sep.Week1,2013

くすぶる人生に転機をもたらすには？
I Need a Breakthrough Moment
Originally Posted on June.Week4,2014

コラム：文章は心のリフレクション
Personal Reflection

本書はKindle版
『Q&ADV.from New York 悩みから悟り、挫折から学び、
逆境から人生を切り開く　ニューヨーク心理学 Vol.1 ～ 3』
（Cube New York ブックス
Vol.1&2：2018年2月27日 /Vol.3：2018年3月6日）
として発売されたものに修正を加え、再編集したものである。

秋山曜子
Yoko Akiyama

東京生まれ。成蹊大学法学部卒業。

丸の内のOL、バイヤー、マーケティング会社勤務を経て、渡米。以来、マンハッタン在住。

FIT在学後、マガジン・エディター、フリーランス・ライター＆リサーチャーを務めた後、1996年にパートナーと共にヴァーチャル・ショッピング・ネットワーク/CUBE New Yorkをスタート。

その後、2000年に独立し、米国法人CUBE New York Inc.をニューヨークに設立。同社代表を務める。以来ウェブサイト、http://cubeny.com/でニューヨーク情報の発信と物販を行う一方で、マーケティング・リサーチ、ビジネス＆パーソナル・コンサルテーションを業務として活躍中。ニューヨークのライフスタイルや、ビジネス・シーンについてのレクチャーも手掛ける。

マイナス感情こそ手放すな！
ニューヨーク流　人生攻略法

2018年12月13日　第一刷発行

著者　秋山曜子

カバー・フォーマットデザイン　三上祥子（Vaa）
編集　福永恵子（産業編集センター）

発行　株式会社産業編集センター
〒112-0011 東京都文京区千石4-39-17
TEL 03-5395-6133
FAX 03-5395-5320
印刷・製本　株式会社シナノパブリッシングプレス

ISBN978-4-86311-207-0 C0095